História

Sumário

Déborah Pádua Mello Neves

Aprender mais

CADERNO DE REFORÇO

História

Geografia

Ciências

VOLUME 4

ENSINO FUNDAMENTAL

IBEP

2ª edição
São Paulo
2013

Coleção Aprender Mais
Volume 4

Diretor superintendente	Jorge Yunes
Diretora adjunta editorial	Célia de Assis
Editores	Lizete Mercadante Mizue Jyo Rosicler Martins
Assistentes editoriais	Fernanda dos Santos Silva Karina Danza
Revisão	Luiz Gustavo Micheletti Bazana
Coordenadora de arte	Karina Monteiro
Assistentes de arte	Marilia Vilela Nane Carvalho
Coordenadora de iconografia	Maria do Céu Pires Passuello
Assistentes de iconografia	Adriana Neves Wilson de Castilho
Produção gráfica	José Antônio Ferraz
Assistente de produção gráfica	Eliane M. M. Ferreira
Produção editorial	José Antonio Ferraz
Ilustrações	Camila Scavazza Eduardo Carlos Pereira Hélio Senatore Lie Kobayashi
Projeto gráfico	APIS design integrado
Capa	APIS design integrado
Editoração eletrônica	N-Publicações

CIP-BRASIL. CATALOGAÇÃO-NA-FONTE
SINDICATO NACIONAL DOS EDITORES DE LIVROS, RJ

N423a
2. ed.

Neves, Déborah Pádua Mello
Aprender mais : caderno de reforço : história, geografia e ciências, volume 4 / Déborah Pádua Mello Neves. - 2. ed. - São Paulo : IBEP, 2013.
224 p. : il. ; 28 cm. (Aprender mais)

ISBN 9788534236904 (mestre) 9788534236850 (aluno)

1. Ensino fundamental - Estudo e ensino. 2. História - Estudo e ensino (Ensino fundamental). 3. Geografia - Estudo e ensino (Ensino fundamental). 4. Ciências - Estudo e ensino (Ensino fundamental). I. Título. II. Série.

13-03887 CDD: 372
CDU: 373.3.016

12/08/2013 13/08/2013

2ª edição – São Paulo – 2013

IBEP
Av. Alexandre Mackenzie, 619 – Jaguaré
São Paulo – SP – 05322-000 – Brasil – Tel.: (11) 2799-7799
www.editoraibep.com.br editoras@ibep-nacional.com.br

Impressão - Gráfica Mercurio S.A. - Agosto 2024

Aprender mais

CADERNO DE REFORÇO

Nome: ______________________________

____

Ano: ______________________________

Professor (a): ______________________

____

Escola: ____________________________

____

Endereço: __________________________

____

____

REFORÇO 1

A chegada dos portugueses ao Brasil

No século XV (de 1401 a 1500), vários países da Europa se lançaram às viagens marítimas para a descoberta de rotas que chegassem às Índias, região do Oriente da qual se obtinha as chamadas especiarias, produtos muito procurados porque ajudavam na conservação dos alimentos. Essas navegações foram facilitadas pelo uso da bússola, do astrolábio e das caravelas, que eram movidas a vento. Portugal, um país da Europa, participava ativamente desse processo.

Em 1500, o rei de Portugal, D. Manuel, ordenou que uma esquadra viajasse para Calicute, a fim de estabelecer o comércio com as Índias. Essa esquadra era composta por dez naus e três caravelas e partiu em 9 de março de 1500 sob o comando de Pedro Álvares Cabral.

Trajeto de Pedro Álvares Cabral

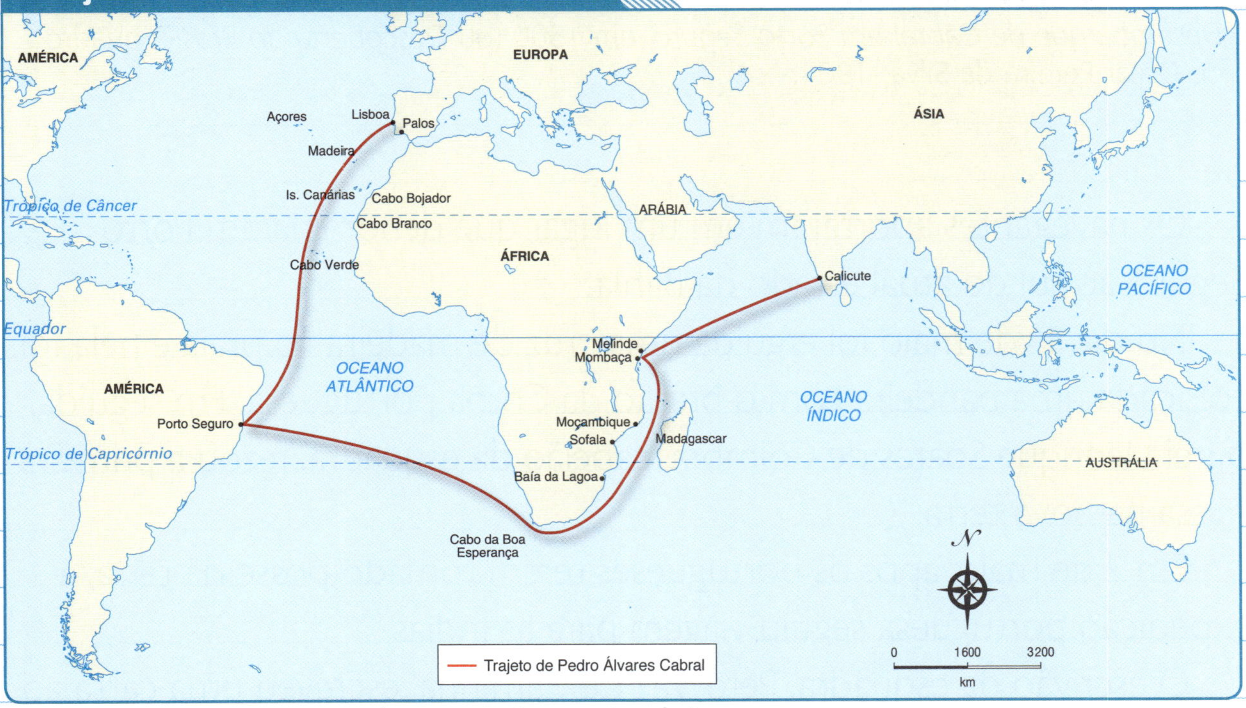

MARIO YOSHIDA

Fonte: Mapa da viagem de Pedro Álvares Cabral ao Brasil e à Índia, 1500. Acervo do Museu Histórico Nacional do Rio de Janeiro.

Na altura de Cabo Verde as embarcações começaram a se afastar das costas africanas. Após 43 dias de viagem, os portugueses avistaram terra e se aproximaram dela no dia 22 de abril de 1500.

A primeira coisa que os navegantes avistaram foi um monte, ao qual deram o nome de Monte Pascoal, por ser época da Páscoa.

MUSEU HISTÓRICO NACIONAL DO RIO DE JANEIRO

Desembarque de Cabral em Porto Seguro, em 1500 (ou *Descoberta do Brasil*), quadro de Oscar Pereira da Silva, 1904.

Os navegantes aportaram em um lugar que denominaram Porto Seguro, ao sul do atual estado da Bahia.

No dia 1º de maio foi erguida uma cruz de madeira na praia e nela foi colocada uma bandeira com o brasão da Coroa portuguesa. Em seguida, o frei Henrique Soares de Coimbra, capelão da esquadra, rezou a primeira missa na nova terra.

Em 2 de maio, após os portugueses terem tomado posse da terra, a expedição portuguesa seguiu viagem para as Índias.

O escrivão da esquadra, Pero Vaz de Caminha, escreveu uma carta ao rei de Portugal, contando como era a nova terra e seus habitantes.

Saiba que

O primeiro nome dado ao Brasil pelos portugueses foi Ilha de Vera Cruz, pois pensaram que as terras eram uma ilha. Em seguida, deram o nome de Terra de Santa Cruz e, finalmente, Brasil, em função da abundância da árvore denominada pau-brasil na costa litorânea e da qual se extraía uma tinta de cor vermelha bastante valorizada comercialmente.

Aos poucos, os portugueses foram se apossando da terra, fundando vilas e povoações no litoral.

Para isso, foram derrubando árvores, especialmente o pau-brasil, e acabando com a Mata Atlântica, que hoje é muito pequena.

Atualmente, o pau-brasil está quase extinto.

ATIVIDADES...

1. Assinale com um **x** o que for certo.

a) O dia 22 de abril nos lembra:

- ☐ O Dia da Pátria.
- ☐ O Dia do Índio.
- ☐ A chegada dos portugueses ao Brasil.

b) O primeiro lugar avistado por Cabral e sua esquadra foi:

- ☐ Uma ilha.
- ☐ Um porto.
- ☐ Um monte.

2. Faça a correspondência entre as colunas.

Pedro Álvares Cabral	rezou a primeira missa na nova terra.
Frei Henrique Soares de Coimbra	escreveu a carta a D. Manuel, então rei de Portugal.
Pero Vaz de Caminha	chegou com sua esquadra ao Brasil.

3. Que nomes o nosso país recebeu antes de se chamar Brasil?

4. Por que a nova terra recebeu o nome de Brasil?

5. Para onde Cabral e sua esquadra seguiram viagem? E em que dia?

6. O que fez Pero Vaz de Caminha, escrivão da esquadra?

7. Complete os quadrinhos com o que se pede.

1. Pero Vaz de ______ era o escrivão da esquadra.
2. Segundo nome dado à nova terra: ______.
3. Nome da madeira que aqui existia em abundância: ______.
4. Frei ______ Soares de Coimbra rezou a primeira missa no Brasil.
5. Nome do rei de Portugal: ______.
6. Nome do monte avistado por Cabral e sua esquadra: ______.

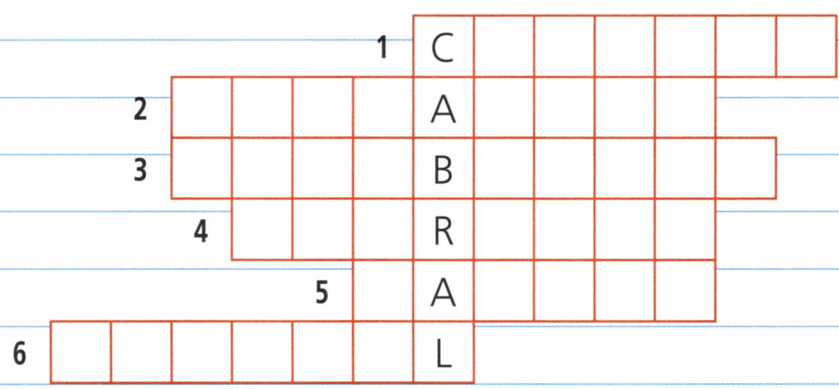

REFORÇO 2

Os indígenas

MUSEU NACIONAL DA DINAMARCA

Dança dos tapuias, quadro do pintor holandês Albert Eckhout, século XVII.

Os indígenas foram os primeiros habitantes do Brasil. Eles viviam em grupos e compunham-se de muitos povos diferentes.

Cada povo indígena tinha um chefe guerreiro, chamado cacique, morubixaba ou tuxaua, e um chefe religioso, o pajé.

Moravam em ocas, e o conjunto delas formava a taba ou aldeia.

A alimentação indígena consistia na caça, na pesca e na coleta de frutas, raízes e sementes. Plantavam milho, mandioca, amendoim, cará, batata-doce, feijão.

O arco, a flecha, a lança, o tacape e a zarabatana eram suas armas.

Eles viviam nus, ou quase nus, pintavam o corpo e enfeitavam-se com cocares de penas e colares de dentes de animais, de sementes, de palha e outros materiais.

Os povos indígenas acreditavam em muitos deuses. Adoravam o Sol (que chamavam Guaraci) e a Lua (que era chamada Jaci).

Gostavam das festas, na quais cantavam, dançavam e tocavam instrumentos musicais, como o maracá, a flauta e o tambor.

Produziam uma bebida chamada cauim, e também cestos, objetos de cerâmica, jangadas, canoas. Para se deslocarem, utilizavam as canoas e os rios.

Atualmente, há ainda muitos povos indígenas que vivem no Brasil.

A Funai (Fundação Nacional do Índio) é o órgão do governo federal encarregado de proteger os interesses dos povos indígenas.

Saiba que

- Um brasileiro ilustre, o marechal Rondon, dedicou sua vida à proteção dos índios. O lema de Rondon era: "Morrer, se preciso for, matar nunca". Em sua homenagem e em gratidão pelo que fez pelos índios, foi dado a um território do Brasil, hoje estado, o nome de Rondônia.
- Os irmãos Villas-Boas também foram sertanistas que merecem nossa admiração pelos serviços que prestaram aos índios.
- No dia 19 de abril comemoramos o Dia do Índio.

ATIVIDADES...

1. Complete com o nome correto.

a) chefe guerreiro: ______.

b) chefe religioso: ______.

c) moradias indígenas: ______.

d) conjunto de ocas: ______.

2. Quais os produtos que os índios cultivavam e que atualmente são usados na nossa alimentação?

3. Complete os quadrinhos.

1. Nome de um instrumento musical.
2. Órgão do governo federal que cuida da proteção e dos direitos indígenas.
3. Bebida produzida pelos índios.
4. Conjunto de ocas.
5. Nome indígena dado ao Sol.
6. Um dos meios de transporte usados nos rios.
7. Produto cultivado pelos indígenas.
8. Nome de uma arma.

1								
2								
3								
4								
5								
6								
7								
8								

4. Em grupo, façam uma pesquisa para saber:

a) como os indígenas viviam antes da chegada dos portugueses;
b) quantos indígenas vivem hoje no Brasil;
c) que tipo de assistência os índios recebem do governo brasileiro atualmente.

REFORÇO 3

Os portugueses começam a colonizar o Brasil

MUSEU DO IPIRANGA, SÃO PAULO, BRASIL

Fundação de São Vicente, quadro pintado em 1900 por Benedito Calixto.

Em 1530, o rei de Portugal, D. João III, deu início à colonização do Brasil. Nossa terra se tornou então território de Portugal.

O rei de Portugal enviou ao Brasil uma expedição composta de cinco embarcações e 400 homens, a fim de povoar e colonizar nossa terra. Essa expedição foi comandada por Martim Afonso de Sousa.

Em 1532, Martim Afonso fundou a primeira povoação no Brasil, a vila de São Vicente, no litoral de São Paulo. Nessa vila, teve início a cultura da cana-de-açúcar e a construção do primeiro engenho de açúcar no Brasil.

ATIVIDADES...

1. Quem era o rei de Portugal em 1530?

2. Quem o rei de Portugal decidiu enviar ao Brasil para povoar e colonizar a terra?

3. Como era composta a expedição de Martim Afonso de Sousa?

4. O que fez Martim Afonso em 1532?

5. Como se chamou a povoação fundada por Martim Afonso? Onde ela ficava?

6. O que aconteceu na vila de São Vicente?

7. Em grupo, pesquisem quem trabalhava nos engenhos e o que era produzido neles.

REFORÇO 4

Capitanias hereditárias

Para aumentar a produção agrícola e expandir a colonização no Brasil, o rei de Portugal, D. João III, resolveu dividir o Brasil em 15 lotes de terra e entregá-los a pessoas de sua confiança chamadas **donatários**.

Os lotes de terra chamavam-se **capitanias hereditárias**. Passavam por herança de pais para filhos, por isso o nome. Os donatários se comprometiam a colonizar as capitanias.

Brasil, capitanias hereditárias

Essa divisão não apresentou bons resultados por causa da grande extensão de cada capitania, pela falta de recursos dos donatários e pelos ataques indígenas. Apenas duas capitanias prosperaram:

- São Vicente, doada a Martim Afonso de Sousa;
- Pernambuco, doada a Duarte Coelho.

Nessas duas capitanias cultivava-se com sucesso a cana-de-açúcar.

Muitos dos atuais estados brasileiros tiveram origem nas capitanias.

ATIVIDADES...

1. Por que D. João III, rei de Portugal, resolveu adotar o sistema de capitanias hereditárias no Brasil?

2. Em que consistia o sistema de capitanias proposto por D. João III?

3. Como se chamavam esses lotes de terra?

4. A quem foram entregues as capitanias hereditárias?

5. Complete.

a) As capitanias chamavam-se hereditárias ______________________________ .

b) A capitania de Pernambuco foi doada a ______________ .

6. Assinale **V** se for verdadeiro e **F** se for falso.

a) ☐ As capitanias foram doadas aos indígenas.
b) ☐ O sistema de capitanias produziu ótimos resultados.
c) ☐ Os donatários deveriam colonizar as capitanias.
d) ☐ Somente duas capitanias prosperaram.
e) ☐ O sucesso das duas capitanias, Pernambuco e São Vicente, deveu-se ao cultivo da cana-de-açúcar para produção do açúcar.

REFORÇO 5

Governo-geral

Como o sistema de capitanias implantado no Brasil fracassou, devido à grande extensão de cada uma delas, à falta de recursos e aos ataques indígenas, D. João III resolveu criar uma nova forma de administração: o governo-geral. Esse governo viria a ser a maior autoridade da Colônia.

A Bahia foi indicada para ser a sede do governo.

Os três primeiros governadores-gerais foram: Tomé de Souza, Duarte da Costa e Mem de Sá.

DORIVAL MOREIRA/PULSAR IMAGENS

Estátua de Tomé de Souza, primeiro governador-geral do Brasil, feita no século XX pelo artista Paschoal de Chirico. Escadaria do Palácio Rio Branco, Praça Municipal, Salvador, BA.

Tomé de Souza

Foi o primeiro governador-geral do Brasil. Ele chegou aqui em 1549, trazendo colonos, funcionários, muitos soldados e seis padres jesuítas, chefiados pelo padre Manuel da Nóbrega.

Tomé de Souza fundou a cidade de Salvador, na Baía de Todos-os--Santos, que se tornou o centro do governo e a primeira capital do Brasil.

Duarte da Costa

Foi o segundo governador-geral do Brasil. Com ele vieram mais jesuítas, entre eles o padre José de Anchieta. Os jesuítas fundaram o Colégio de São Paulo, que deu origem à atual cidade de São Paulo.

Nessa época ocorreu também a invasão dos franceses ao litoral do Rio de Janeiro.

Mem de Sá

Foi o terceiro governador-geral do Brasil. Ele se preocupou com o desenvolvimento da Colônia.

No seu governo deram-se dois fatos importantes: a fundação da cidade do Rio de Janeiro, por seu sobrinho Estácio de Sá, e a expulsão dos franceses do litoral do Rio de Janeiro.

ATIVIDADES...

1. Por que o rei de Portugal decidiu criar o governo-geral?

2. Qual foi o local escolhido para ser a sede do governo?

3. Qual foi o primeiro governador a se instalar na Bahia e o que ele trouxe para o Brasil?

4. Quem foi o segundo governador-geral do Brasil?

5. Nesse período, o que os jesuítas fizeram?

6. O que aconteceu no litoral do Rio de Janeiro, durante o período do segundo governo-geral?

7. Assinale **V** se for verdadeiro e **F** se for falso.

- ☐ O jesuíta Manuel da Nóbrega veio para o Brasil com o governador-geral Tomé de Souza.
- ☐ Salvador foi fundada por Mem de Sá.
- ☐ Com Duarte da Costa chegou o jesuíta José de Anchieta.
- ☐ A cidade do Rio de Janeiro foi fundada por Estácio de Sá.
- ☐ Quem veio a ser governador-geral depois de Tomé de Souza foi Mem de Sá.
- ☐ Os franceses foram expulsos do Brasil no governo de Mem de Sá.

REFORÇO 6

Inconfidência Mineira

A Inconfidência Mineira foi um movimento surgido em Minas Gerais, cujo fim era libertar o Brasil de Portugal e proclamar a República.

Na República quem governa é um presidente eleito pelo povo, por determinado tempo. O movimento foi consequência da forte pressão que Portugal fazia sobre a Colônia, com taxação alta de impostos e cobrança de dívidas.

MUSEU DE HISTÓRIA NATURAL, RIO DE JANEIRO

Alferes Joaquim José da Silva Xavier, quadro de Wasth Rodrigues feito em 1940.

Quem mais se destacou no movimento foi Joaquim José da Silva Xavier, cujo apelido era Tiradentes por trabalhar como dentista. Além disso, ele era alferes da cavalaria e garimpeiro.

A Inconfidência fracassou porque um dos inconfidentes denunciou o plano ao governo de Portugal. Assim, todos os inconfidentes foram presos, e Tiradentes foi condenado à morte.

Ele foi julgado e enforcado em 21 de abril de 1792, na cidade do Rio de Janeiro. Ele é considerado o Mártir da Independência, pois lutou e morreu pela liberdade do nosso país.

No dia 21 de abril, comemora-se o Dia de Tiradentes.

ATIVIDADES...

1. Complete os dados sobre a Inconfidência Mineira.

- Estado onde ocorreu:
- Finalidade do movimento:
- Quem mais se destacou:

2. Complete.
O nome de Tiradentes era .

3. Por que Tiradentes tinha esse apelido?

4. Por que o movimento da Inconfidência fracassou?

5. O que aconteceu a todos os inconfidentes?

6. O que aconteceu a Tiradentes?

7. Em que dia e em que lugar Tiradentes foi enforcado?

REFORÇO 7

Independência do Brasil

BIBLIOTECA NACIONAL, RJ

Cerimônia de sagração e coroação de Dom Pedro, imperador do Brasil, obra de Jean-Baptiste Debret, século XIX.

Desde que os portugueses chegaram à nossa terra, o Brasil passou a pertencer a Portugal.

Ao longo do tempo, muitos brasileiros lutaram para que o Brasil se tornasse livre.

Em 1807, o príncipe regente de Portugal, D. João, transferiu a sede do governo português para o Brasil.

Durante sua estadia, D. João introduziu muitos melhoramentos, como:

- criação do Banco do Brasil e da Imprensa Régia;
- abertura dos portos brasileiros às nações amigas;
- elevação do Brasil à categoria de Reino Unido ao de Portugal e Algarves.

Com o falecimento da rainha de Portugal, D. Maria I, D. João passou a governar como rei, com o título de D. João VI.

Mas, em 1821, D. João VI retornou a Portugal, deixando o príncipe regente, seu filho D. Pedro, no Brasil.

As Cortes portuguesas queriam que o Brasil voltasse à condição de colônia de Portugal e exigiam a volta do príncipe D. Pedro.

Os brasileiros eram contra e fizeram um abaixo-assinado pedindo a D. Pedro que permanecesse no Brasil. Ele então atendeu ao pedido do povo.

No dia 7 de setembro de 1822, D. Pedro voltava de uma viagem quando, às margens do riacho Ipiranga, na cidade de São Paulo, recebeu um mensageiro que trazia cartas das Cortes portuguesas, que exigiam que voltasse a Portugal e também cartas de sua esposa Leopoldina e de José Bonifácio de Andrada e Silva. Ao ler as cartas, D. Pedro gritou aos seus soldados: "Independência ou morte!".

Estava proclamada a independência e o Brasil tornava-se um país livre.

O príncipe D. Pedro foi assim coroado primeiro imperador do Brasil, com o título de D. Pedro I.

Teve início, então, o **Primeiro Reinado**.

Saiba que

- José Bonifácio de Andrada e Silva contribuiu muito para que a independência fosse proclamada. Por isso recebeu o título de Patriarca da Independência.
- No dia 7 de setembro comemora-se o Dia da Independência do Brasil.

ATIVIDADES...

1. Assinale com um **x** o que for correto.
D. João introduziu no Brasil os seguintes melhoramentos:

- [ ] Elevação do Brasil à categoria de Reino Unido ao de Portugal e Algarves.
- [ ] Criação das estradas de ferro.
- [ ] Criação do Banco do Brasil e da Imprensa Régia.
- [ ] Instalação de telefones.
- [ ] Abertura dos portos brasileiros às nações amigas.

2. Responda.

a) Com o falecimento da rainha, D. Maria I, quem subiu ao trono português e com que título?

b) Ao retornar a Portugal, quem D. João VI deixou no Brasil?

3. O que aconteceu a D. Pedro depois da proclamação da Independência?

4. Quem contribuiu para que a nossa Independência fosse proclamada e que título ele recebeu?

REFORÇO 8

Libertação dos escravos

MUSEUS CASTRO MAYA-IPHAN/RIO DE JANEIRO, RJ

Aplicação do castigo do açoite. Castigo de escravo que se executa nas praças públicas da cidade, pintado por Jean-Baptiste Debret no século XIX.

A escravidão teve início no Brasil porque os portugueses precisavam de mão de obra para trabalhar nos engenhos de cana-de-açúcar, na mineração e, mais tarde, na cultura do café. Muitos índios foram escravizados, mas a maioria de cativos era de negros, trazidos da África.

O comércio de africanos era muito lucrativo para os portugueses. Os africanos eram transportados nos chamados navios negreiros e depois vendidos ao chegar ao Brasil.

Esses escravos trabalhavam muito, eram maltratados, não recebiam salários, não tinham direitos.

Moravam nas fazendas em barracões chamados senzalas.

Muitos escravos fugiam das fazendas e formavam agrupamentos chamados quilombos, onde conseguiam viver livres. Mas os quilombos eram alvo de ataques dos fazendeiros.

Alguns brasileiros, chamados abolicionistas, começaram a trabalhar pela libertação dos escravos. Entre eles, temos o poeta Castro Alves, o jornalista (negro) José do Patrocínio, Joaquim Nabuco, Luís Gama, André Rebouças, Antônio Bento, Rui Barbosa, José Maria da Silva Paranhos (Visconde do Rio Branco) e outros.

No dia 13 de maio de 1888, a princesa Isabel, filha do imperador D. Pedro II, assinou a Lei Áurea, libertando todos os escravos do Brasil.

A cultura negra influenciou muito em nossos costumes: na alimentação, no idioma, na música, na dança, na religião, na arte.

Saiba que

Entre 1530 e 1850, quando foi proibida a entrada de escravos no país, chegaram ao Brasil cerca de 4 milhões de pessoas vindas de várias regiões da África.

O dia 20 de novembro é dedicado à Consciência Negra. Nesse dia relembra-se Zumbi dos Palmares, líder do mais importante quilombo que existiu no Brasil.

ATIVIDADES...

1. Por que foi implantada a escravidão no Brasil?

2. Assinale com um **x** as afirmações corretas.

Os escravos:

- [ ] Eram trazidos da África.
- [ ] Eram bem tratados.
- [ ] Não tinham direitos.
- [ ] Trabalhavam nos engenhos de cana-de-açúcar.

3. Como se chamava e como era o local onde os escravos moravam?

4. Como eram chamados os brasileiros que trabalhavam pela libertação dos escravos?

5. Quem pôs fim à escravidão no Brasil? Como e em que data?

6. Dê o nome de três abolicionistas.

7. Quem era o imperador do Brasil na época da libertação dos escravos?

8. Procure no dicionário o significado de algumas palavras do nosso idioma e que são de origem africana.

- bengala
- cafuné
- quitanda
- moleque
- fubá

9. Em grupo, pesquisem a influência dos escravos na música e na dança. Peçam ajuda ao professor. Escrevam o que descobrirem.

REFORÇO 9

Proclamação da República

PINACOTECA MUNICIPAL DE SÃO PAULO

Quadro de Benedito Calixto, de 1893, chamado *Proclamação da República*.

Depois da proclamação da Independência, o Brasil passou a ser governado pela monarquia. A monarquia é uma forma de governo exercida por um rei ou imperador durante toda sua vida, passando o direito de governar aos seus descendentes.

O Brasil teve dois imperadores: D. Pedro I e D. Pedro II. D. Pedro II governou o Brasil durante quase 50 anos.

Os brasileiros descontentes com a monarquia deram início à campanha pela república, que é a forma de governo exercida por um presidente eleito pelo povo por determinado tempo.

Na manhã do dia 15 de novembro de 1889, o marechal Deodoro da Fonseca, apoiado por sua tropa de soldados e por diversos oficiais, proclamou a República do Brasil, na cidade do Rio de Janeiro.

O marechal Deodoro da Fonseca assumiu o governo provisório do Brasil. Assim D. Pedro II e sua família tiveram de deixar nosso país.

Com a república, as antigas províncias foram transformadas em estados. Foi convocada a Assembleia Constituinte para elaborar a nova **Constituição** Republicana.

Marechal Deodoro da Fonseca foi eleito pelo Congresso o primeiro presidente do Brasil e Floriano Peixoto, o primeiro vice-presidente.

Saiba que

- A Constituição é a lei fundamental de um país. Ela estabelece a forma de governo, os direitos e os deveres dos cidadãos.
- Benjamim Constant foi uma das figuras mais importantes do movimento republicano.
- No dia 15 de novembro comemora-se o Dia da Proclamação da República.

ATIVIDADES...

1. Assinale com um **x** o que for correto.

a) Depois da proclamação da Independência, o Brasil passou a ter como forma de governo:

☐ A república.
☐ A monarquia.
☐ A ditadura.

b) D. Pedro II governou o Brasil durante quase:

☐ 20 anos. ☐ 40 anos. ☐ 50 anos.

2. O que é monarquia?

3. Quantos imperadores o Brasil teve?

4. O que aconteceu a D. Pedro II e sua família ao ser proclamada a República?

5. Como foi elaborada a primeira Constituição Republicana?

6. Complete.

a) A república foi proclamada pelo ______, no dia ______, na cidade do ______.

b) Com a república, as províncias se tornaram ______.

c) A forma de governo em que o poder é exercido por um presidente eleito pelo povo por determinado tempo chama-se ______.

d) Uma figura importante do movimento republicano foi ______.

e) A Constituição, lei fundamental de um país, estabelece ______.

REFORÇO 10

Carnaval

JOSÉ EMÍLIO PERILLO/FOLHA IMAGEM

O Carnaval é uma festa popular comemorada no Brasil geralmente no mês de fevereiro, e tem duração de três dias.

Nos clubes há bailes, não somente para adultos, como também para crianças. Os foliões se fantasiam e dançam, nas ruas e nos clubes.

Nas ruas há desfiles das escolas de samba, trios elétricos, blocos etc.

O Carnaval brasileiro é considerado o mais animado do mundo.

Um dos destaques do Carnaval brasileiro é a música. Ouve-se muito samba e marchinhas. Em Pernambuco, no Nordeste, o frevo e o maracatu são os grandes destaques musicais.

ATIVIDADES...

1. O que você costuma fazer no carnaval?

2. Você costuma se fantasiar no Carnaval? Com que fantasia?

3. Como as pessoas se comportam no Carnaval?

4. O Carnaval na sua cidade é animado? Como são as brincadeiras, as fantasias e as músicas? Descreva-as.

5. Procure entrevistar os mais velhos sobre o Carnaval no tempo em que eles eram jovens, e verifique se há diferenças entre aquela época e a de hoje.

REFORÇO **11**

Dia Nacional do Livro Infantil

DIVULGAÇÃO

No dia 18 de abril comemoramos o Dia Nacional do Livro Infantil.

Aproveitamos esse dia para homenagear um grande escritor brasileiro: Monteiro Lobato.

José Bento Monteiro Lobato nasceu na cidade de Taubaté, no estado de São Paulo, em 18 de abril de 1882. Ele escreveu vários livros para as crianças brasileiras.

Ele criou personagens famosos, como Narizinho, Pedrinho, Dona Benta, a boneca Emília, Tia Nastácia, Marquês de Rabicó, Visconde de Sabugosa e outros. Muitas de suas histórias trazem esses personagens nas aventuras, como *Reinações de Narizinho*, *Reforma da Natureza*, que se passam no Sítio do Picapau Amarelo.

Monteiro Lobato também escreveu muitos livros para adultos.

ATIVIDADES...

1. Você já leu algum livro de Monteiro Lobato? Qual?

2. Desenhe nos quadros alguns personagens do Sítio do Picapau Amarelo e escreva seus nomes.

REFORÇO 12

Dia do Trabalho

No dia 1º de maio comemora-se o Dia do Trabalho.

Nesse dia, são homenageados os trabalhadores: operários, lavradores, camponeses, comerciários, bancários, profissionais liberais, enfim, todos aqueles que trabalham.

Nossa sobrevivência depende do trabalho.

É com trabalho que se cultivam os campos, constroem-se as cidades e as estradas. Quem trabalha é útil a si mesmo e aos outros.

Para a criança, o estudo a prepara para exercer uma profissão, quando for adulta.

Um dos mais importantes direitos do trabalhador é o salário mínimo, criado no Brasil no ano de 1946. Além do salário mínimo, o trabalhador brasileiro tem direito a amparo no caso de acidente, de doença, e direito a auxílio à maternidade e à velhice.

RENATO ARAÚJO/ABR

ANTON CHA

O trabalhador brasileiro tem outros direitos assegurados, como:

- salário-família para seus dependentes;
- 13º salário;
- jornada de trabalho diária;
- férias anuais remuneradas;
- assistência médica e hospitalar;
- repouso semanal remunerado.

Os deveres e direitos do trabalhador constam da Constituição do Brasil e da CLT (Consolidação das Leis do Trabalho).

No Brasil, até os 16 anos, as crianças estão proibidas de trabalhar.

ATIVIDADES...

1. Faça em cada quadrinho o desenho de um trabalhador e escreva o nome da profissão dele.

2. Pesquise com um colega por que o trabalho infantil é proibido no Brasil. Em seguida, façam um cartaz que mostre o que vocês descobriram.

REFORÇO 13

Dia das Mães

BRIAN CHASE

O Dia das Mães é comemorado no segundo domingo de maio.

O primeiro Dia das Mães foi comemorado por uma professora norte-americana: Anna Jarvis. No Brasil, essa data foi introduzida pela Associação Cristã de Moços de Porto Alegre, em 1919, no Rio Grande do Sul. A partir de 1919, o Dia das Mães passou a ser comemorado em outros estados brasileiros.

O então presidente da República, Getúlio Vargas, instituiu por decreto, assinado em 15 de maio de 1932, o Dia das Mães em todo o país.

ATIVIDADES...

1. Quem comemorou o primeiro Dia das Mães?

2. Como foi introduzida essa data no Brasil?

3. Qual foi o presidente da República que instituiu o Dia das Mães no país?

4. Em grupo, conversem sobre a melhor maneira de homenagear as mães. Em seguida, apresentem a conclusão à classe.

5. No espaço a seguir, desenhe o presente que você gostaria de dar à sua mãe.

REFORÇO 14

Festas juninas

ROGÉRIO REIS/PULSAR IMAGENS

No mês de junho são realizadas as festas juninas. São festas em homenagem aos santos católicos: Santo Antônio, São João e São Pedro.

Nelas as pessoas vestem roupas típicas e dançam a quadrilha no local enfeitado com bandeirinhas coloridas. Há também queima de fogos de artifício, fogueira, músicas, bebidas, comidas e doces típicos.

Ao final da festa, geralmente acontece o casamento caipira.

ATIVIDADES...

1. As crianças precisam de certos cuidados nas festas juninas. Você sabe com que e por quê?

2. Quais são os pratos típicos de uma festa junina?

3. Você se lembra do nome de alguma brincadeira que se faz nas festas juninas?

4. Desenhe uma festa junina.

REFORÇO 15

Dia dos Pais

YALCIN SONAT

O Dia dos Pais é comemorado no segundo domingo de agosto.

A ideia de homenagear os pais em um dia especial nasceu nos Estados Unidos, em 1909.

No Brasil, a comemoração da data foi uma proposta do publicitário Sylvio Bhering. O Dia dos Pais foi festejado pela primeira vez em 1953.

ATIVIDADES...

1. Escreva um pequeno texto descrevendo como é o seu pai.

2. Quando o Dia dos Pais foi festejado pela primeira vez no Brasil?

3. Leia o poema de Pedro Bandeira.

O meu velho

Atrás do rato
tem sempre um gato.

Atrás de um gato
tem sempre um cão.

Atrás do cão
tem sempre um menino.

E atrás dele
tem sempre um pai.

Pai,
mesada,
abraço,
puxão de orelha,
castigo,
mas pai.

O rosto arranha
com a barba,
mas pai.

Não pode jogar bola
comigo,
está ocupado,
mas pai.

Atrás da mesada,
do abraço,
do puxão,
da ocupação,
do castigo,
do rosto,
do arranhão,
um pai.
Meu pai.

Pedro Bandeira. *Cavalgando o arco--íris*. 3. ed. São Paulo: Moderna, 2002.

a) Esse poema transmite que sentimento pelo pai?

b) Por que você acha que atrás de um menino tem sempre um pai?

REFORÇO 16

Dia do Folclore

ROGÉRIO REIS/OLHAR IMAGEM

JUCA MARTINS/PULSAR IMAGENS

Folclore é o conjunto de lendas, crenças, comidas e hábitos que fazem parte da cultura de um povo. Comemora-se o Dia do Folclore em 22 de agosto.

Fazem parte do folclore:

- as canções e as danças populares, as brincadeiras, as festas típicas;
- os provérbios, os contos, as adivinhações;
- as lendas e os mitos, como os do saci-pererê, do lobisomem, do Negrinho do Pastoreio, do Boitatá, da Iara, do Caipora, da vitória-régia, da mandioca e outros.

ATIVIDADES...

1. O que é o folclore?

2. Você conhece alguma lenda que faz parte do folclore brasileiro? Conte-a para seus colegas.

3. Desenhe no quadro abaixo algum personagem do folclore brasileiro.

4. Assinale com um **x** as brincadeiras que fazem parte do nosso folclore.

- [ ] pular amarelinha
- [ ] lobisomem
- [ ] pular corda
- [ ] videogame
- [ ] mula sem cabeça
- [ ] empinar pipa
- [ ] jogar pião
- [ ] brincar de roda

REFORÇO 17

Dia da Árvore

EDSON SATO/PULSAR IMAGENS

O Dia da Árvore é comemorado em 21 de setembro.

A árvore fornece flores, frutos, madeira, alimentos, óleos, fibras, a celulose para a fabricação de papel e muito mais. Além disso, as árvores purificam o ar, oferecem sombra e embelezam a paisagem.

A derrubada sem controle já fez desaparecer muitas de suas espécies. O desmatamento é muito prejudicial para as pessoas, os animais e a atmosfera.

ATIVIDADES...

1. Em que data se comemora o Dia da Árvore?

2. O que as árvores nos fornecem?

3. Crie um poema curto sobre a importância e a beleza das árvores.

4. Em grupo, conversem sobre algumas formas de conservar as árvores. Depois, escrevam a que conclusão o grupo chegou.

REFORÇO 18

Dia da Criança

No dia 12 de outubro comemora-se o Dia da Criança.

Nesse dia as crianças das escolas participam de excursões, festas, competições esportivas e outras atividades.

Toda criança tem direitos, como:

PHOTOS.COM
alimentação

JUPITER IMAGES
educação

LIQUID LIBRARY
convivência familiar

PHOTOS.COM
moradia

LIQUID LIBRARY
lazer

LIQUID LIBRARY
saúde

Muitas crianças, porém, não têm sequer onde morar, portanto vivem nas ruas.

ATIVIDADES...

1. Em que data comemoramos o Dia da Criança?

2. Na sua escola há comemorações nesse dia? Quais?

3. Quais são alguns dos direitos da criança?

4. Como vivem muitas crianças que não têm onde morar?

5. Você sabia que brincar também é um direito da criança? Qual é a sua brincadeira preferida? Descreva-a.

REFORÇO 19

Dia do Professor

VALTER CAMPANATO/ABR

No dia 15 de outubro comemoramos o Dia do Professor.

O professor nos ensina a ler, a contar, a escrever, a ter disciplina, a conhecer o mundo em que vivemos. Ele desempenha um papel muito importante para nós e para o futuro do nosso país.

O professor deve ser respeitado, ganhar um bom salário e trabalhar em um ambiente adequado.

ATIVIDADES...

1. Em que data se comemora o Dia do Professor?

2. O que o professor nos ensina?

3. Em grupo, entreviste seu professor.

Você pode perguntar:

a) se ele gosta do trabalho que faz e por quê;

b) se os direitos dele são respeitados;

c) por que decidiu ser professor.

4. Faça um desenho homenageando seu professor.
Não se esqueça de escrever-lhe algo bem bonito.

REFORÇO 20

Dia da Bandeira

LUIZ CARLOS TORRES

No dia 19 de novembro comemoramos o Dia da Bandeira.

A bandeira é um símbolo da pátria.

As cores da nossa bandeira são o verde, o amarelo, o azul e o branco.

No globo azul há:

- as estrelas que representam o Distrito Federal e os estados do Brasil;
- uma faixa branca em que está escrita a frase "Ordem e Progresso".

A legenda "Ordem e Progresso" foi criada por Benjamim Constant, um dos brasileiros que trabalharam pela proclamação da República.

ATIVIDADES...

1. Você sabia que há um hino à nossa bandeira? A letra é de Olavo Bilac e a música é de Francisco Braga. Pesquise e escreva um trecho da letra do Hino à Bandeira Nacional.

2. Em que data comemoramos o Dia da Bandeira?

3. Quais são as cores da bandeira brasileira?

4. O que representam as estrelas que se encontram na nossa bandeira?

5. O que está escrito na faixa branca da bandeira?

REFORÇO 21

Dia Internacional dos Direitos Humanos

O dia 10 de dezembro é reservado para comemorar a Declaração Universal dos Direitos Humanos que foi assinada em 1948 pela Organização das Nações Unidas (ONU).

O princípio maior que rege os Direitos Humanos é que:

Todos os homens nascem livres. Todos os homens nascem iguais e têm, portanto, os mesmos direitos.

Assim, os direitos asseguram que ninguém será torturado, degradado ou mantido como escravo. Também terá assegurado o direito à vida, à liberdade e à segurança pessoal.

Respeitar os Direitos Humanos garante uma convivência saudável e pacífica entre os seres humanos de qualquer nacionalidade.

Agir de acordo com os Direitos Humanos é respeitar a todos como seres humanos.

Saiba que

Todas as pessoas devem ser tratadas com respeito.
A melhor forma de resolver os conflitos é o diálogo.
Devemos aprender a respeitar as diferenças das pessoas com as quais convivemos a partir da ideia de que todos têm direitos iguais.
Todos são iguais perante a lei, sem distinção de qualquer natureza.
A lei deve proteger igualmente homens e mulheres, brancos e pretos, de qualquer idade ou religião. Todos os homens nascem livres e iguais em dignidade e direitos.
Em 20 de novembro de 1959, a ONU, criou a Declaração Universal dos Direitos da Criança. Mas ela só veio a ser adotada a partir de 1989.
Desde então, a criança passou a ser considerada cidadã e passou a ter seus direitos reconhecidos.

ATIVIDADES...

1. Vamos encontrar no diagrama abaixo três palavras que aparecem em um dos artigos da Declaração de Direitos Humanos. As palavras podem estar escritas na horizontal, da direita para a esquerda ou da esquerda para a direita, na vertical ou na diagonal.

Todas as pessoas têm direito à vida, à liberdade e à segurança pessoal.

L	I	B	E	R	D	A	D	E	N
N	O	E	R	O	Ã	O	E	L	I
L	A	R	X	V	B	N	M	T	I
P	E	S	S	I	A	N	Ç	A	O
D	I	R	E	D	H	O	R	C	V
H	J	E	R	A	B	E	B	K	S
G	A	Ç	N	A	R	U	G	E	S

2. Substituindo cada letra pela sua posterior no alfabeto, você vai descobrir a palavra que falta no texto.

K D H R

As ______________ devem ser iguais para todos e devem proteger todas as pessoas.

3. Um simples abraço pode mudar o seu dia e o dia de quem você abraça.
Escreva no espaço abaixo o nome de algumas pessoas que você gostaria de abraçar.

4. Escreva uma mensagem para comemorar o Dia Internacional dos Direitos Humanos.

Geografia

Sumário

REFORÇO 1

Nosso país: os estados do Brasil

Brasil: Divisão Política

MARIO YOSHIDA

Nosso país é o Brasil.

O Brasil está dividido em 26 estados e um Distrito Federal.

No Distrito Federal fica a sede do governo brasileiro, na cidade de Brasília, capital do nosso país.

Os estados brasileiros estão divididos em municípios.

Quem governa

- o país: o presidente da República;
- os estados: os governadores;
- os municípios: os prefeitos.

ATIVIDADES...

1. Como está dividido o Brasil?

2. Qual é a capital do Brasil? Onde fica?

3. Como se dividem os estados brasileiros?

4. Complete. Em que estado
- você nasceu?
- você mora?
- seus pais nasceram?

5. No mapa a seguir localize o estado onde você mora, escreva seu nome e pinte-o de vermelho.

MARIO YOSHIDA

REFORÇO 2

O município

Os estados estão divididos em partes chamadas municípios.

O **município** é, portanto, uma área ou parte de um estado.

Os municípios estão separados uns dos outros por rios, serras, plantações, propriedades ou marcos feitos pelos seres humanos.

A linha de separação entre um município e outro chama-se **limite**.

Veja o exemplo do estado do Acre e seus municípios representados no mapa.

Municípios do estado do Acre

Fonte: *Atlas Geográfico Escolar*. Rio de Janeiro: IBGE, 2009.

Os municípios possuem **zona urbana** e, geralmente, **zona rural**.

A cidade é chamada **zona urbana**. Nela fica a sede do município.

O campo é chamado **zona rural**. Nele ficam as chácaras, sítios, fazendas etc.

Entre a zona urbana e a zona rural ficam a **periferia** ou **zona suburbana**, que são os bairros mais distantes do centro da cidade.

Rua comercial da área urbana do município de São Desidério, BA.

Área rural do município de São Desidério, BA.

DELFIM MARTINS/PULSAR IMAGENS

ATIVIDADES...

1. Como está dividido o nosso estado?

2. O que é município?

3. O que pode separar um município de outro?

4. Geralmente, quais zonas os municípios possuem?

5. Em que zona do município você mora?

6. Faça um **x** no que for certo.

a) Geralmente, quando saímos da cidade, passamos para o campo.
☐ Sim ☐ Não

b) As fazendas ficam na zona urbana.
☐ Sim ☐ Não

c) As cidades são as zonas urbanas dos municípios.
☐ Sim ☐ Não

d) Os sítios e as fazendas ficam na zona rural.
☐ Sim ☐ Não

e) No campo ficam as cidades.
☐ Sim ☐ Não

7. Resolva esta cruzadinha.

1. Nome de uma das zonas de um município.
2. Pode servir como limite entre dois municípios.
3. Nome de outra zona de um município.
4. O município é uma parte do ____________________.
5. Zona constituída pelos bairros mais distantes.
6. Nome do lugar onde ficam as chácaras, sítios, fazendas etc.

						1		U			
							2	R			
					3			B			
				4				A			
5								N			
						6		A			

8. Quais são os municípios que fazem limite com o município onde você mora?

REFORÇO 3

Orientação

Você já observou que o Sol, todos os dias, aparece em um mesmo lugar e desaparece em uma mesma direção?

O lugar onde o Sol aparece de manhã chama-se **sol nascente**, **nascente**, **este** ou **leste**.

O lugar onde o Sol desaparece à tardinha chama-se **sol poente**, **poente** ou **oeste**.

De braços abertos, com a mão direita apontando para onde o Sol nasce (leste), temos:

- à esquerda, o **oeste**;
- à frente, o **norte**;
- atrás, o **sul**.

leste (L), oeste (O), norte (N) e sul (S) são os **pontos cardeais**.

Há ainda os pontos colaterais: Nordeste (NE), Noroeste (NO), Sudeste (SE) e Sudoeste (SO).

Veja na Rosa dos Ventos a indicação destes pontos.

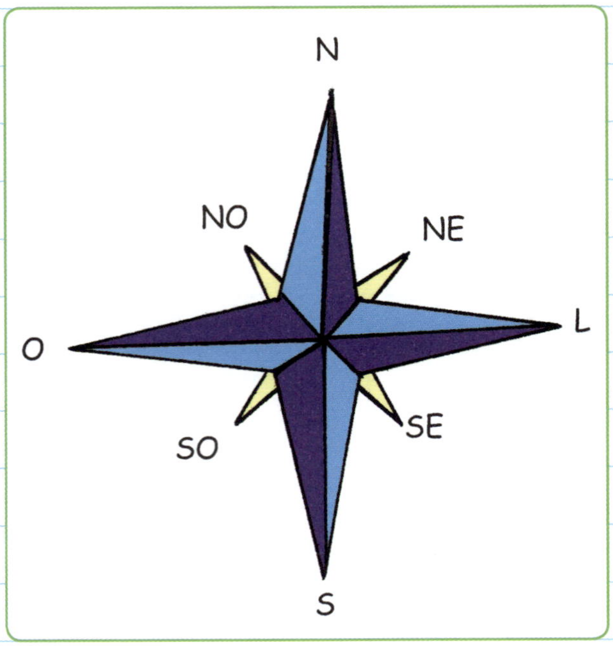

A rosa dos ventos aparece geralmente em todos os mapas. Por ela é possível saber a localização de qualquer lugar representado no mapa em relação aos pontos cardeais.

Podemos ainda nos orientar pela bússola e pelo Cruzeiro do Sul.

Orientação pela bússola

A bússola é um instrumento que apresenta um mostrador onde estão localizados os pontos cardeais.

Ela tem uma agulha imantada que aponta sempre para o norte.

Achando o norte, é fácil localizar os outros pontos cardeais.

Os aviões, os barcos e navios usam a bússola para se orientar.

Na bússola aparece a rosa dos ventos.

A rosa dos ventos é uma representação dos pontos cardeais e colaterais.

JUPITER IMAGENS

Os pontos colaterais localizam-se entre os pontos cardeais.

São eles:

- nordeste (NE), entre o norte e o leste;
- sudeste (SE), entre o sul e o leste;
- noroeste (NO), entre o norte e o oeste;
- sudoeste (SO), entre o sul e o oeste.

Orientação pelo Cruzeiro do Sul

NASA / GSFC

À noite podemos nos orientar também pelo Cruzeiro do Sul, que é um grupo de estrelas em forma de cruz, cuja ponta inferior indica a direção sul.

Dando as costas para a direção indicada pela ponta inferior do Cruzeiro do Sul, teremos:

- às nossas costas, o sul (S);
- à nossa frente, o norte (N);
- à nossa direita, o leste (L);
- à nossa esquerda, o oeste (O).

ATIVIDADES...

1. Complete as frases.

a) Norte, sul, leste e oeste são os _______________.

b) O lugar onde o Sol nasce denomina-se _______________.

c) O lugar onde o Sol desaparece à tardinha chama-se _______________.

d) Apontando a mão direita para o lugar onde o Sol nasce, temos à esquerda o __________, à frente o __________ e atrás o __________.

e) À noite podemos nos orientar pelo _______________.

2. Assinale com um **x** o que for verdadeiro.

a) O lugar onde o Sol nasce denomina-se

- [ ] norte.
- [ ] sul.
- [ ] leste.
- [ ] oeste.

b) O norte, em um mapa, fica

- [ ] embaixo.
- [ ] em cima.
- [ ] à esquerda.
- [ ] à direita.

c) O oeste também é denominado

- [ ] oriente.
- [ ] norte.
- [ ] poente.
- [ ] sul.

3. Complete.

a) O nordeste (NE) fica entre o __________ e o __________.

b) O sudeste (SE) fica entre o __________ e o __________.

c) O noroeste (NO) fica entre o __________ e o __________.

d) O sudoeste (SO) fica entre o __________ e o __________.

4. Qual é o aparelho que nos ajuda a encontrar os pontos cardeais? Descreva-o.

5. Em grupo, no pátio da escola localizem os pontos cardeais. Em seguida, respondam:

a) Em que direção está voltada a frente da escola?

b) O que há do lado leste da sua escola?

c) E do lado oeste?

6. Encontre no diagrama o nome dos pontos cardeais e colaterais.

B	D	L	N	O	R	D	E	S	T	E
C	S	N	O	R	O	E	S	T	E	M
T	V	S	R	U	E	D	F	H	I	L
X	Z	U	T	M	S	L	G	J	N	P
S	U	D	E	S	T	E	R	S	F	G
C	M	O	X	U	E	S	T	V	X	H
N	P	E	Z	L	D	T	I	L	M	R
R	V	S	H	Z	T	E	X	Z	Q	P
Q	R	T	A	X	L	E	P	Q	A	E
S	T	E	C	N	Z	S	T	U	I	O

REFORÇO 4

Como se orientar em uma cidade

Toda cidade possui plantas e mapas, que servem para a nossa orientação.

Nessas plantas e nesses mapas sempre aparecem os pontos cardeais: norte (N), sul (S), leste (L) e oeste (O).

Veja, agora, a planta de parte de um bairro.

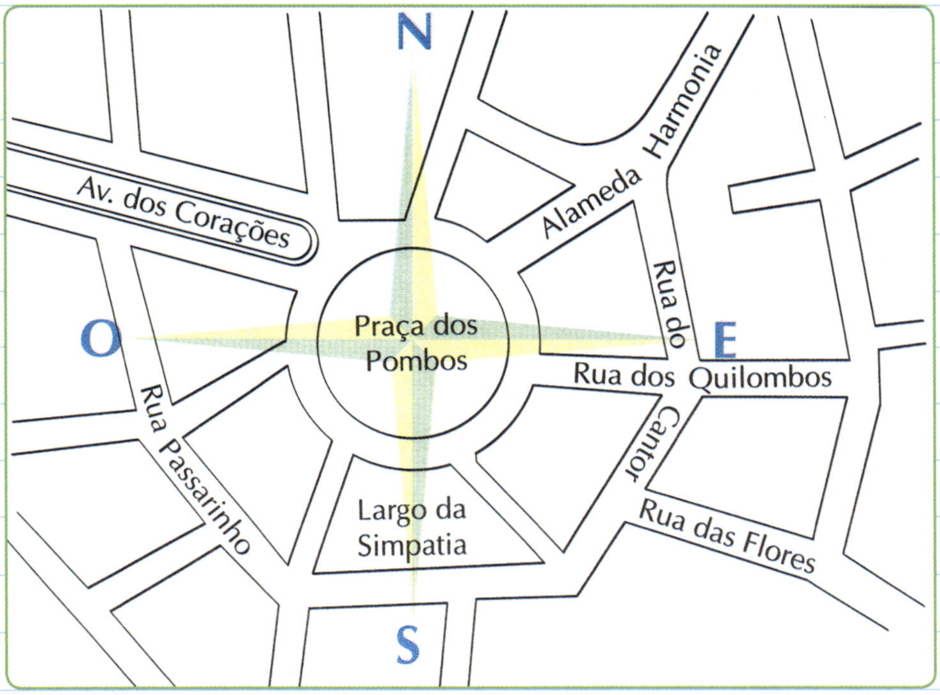

Atualmente, o trabalho cartográfico, isto é, o trabalho de fazer mapas e plantas, é facilitado pelo uso de fotografias aéreas.

ATIVIDADES...

1. Assinale a zona da cidade onde você mora.

☐ Norte ☐ Sul ☐ Leste ☐ Oeste

2. Carlos combinou de passar na casa do João para, juntos, irem ao clube. Veja o mapa e escreva que direções eles devem seguir para fazer o percurso.

CAMILA SCAVAZZA

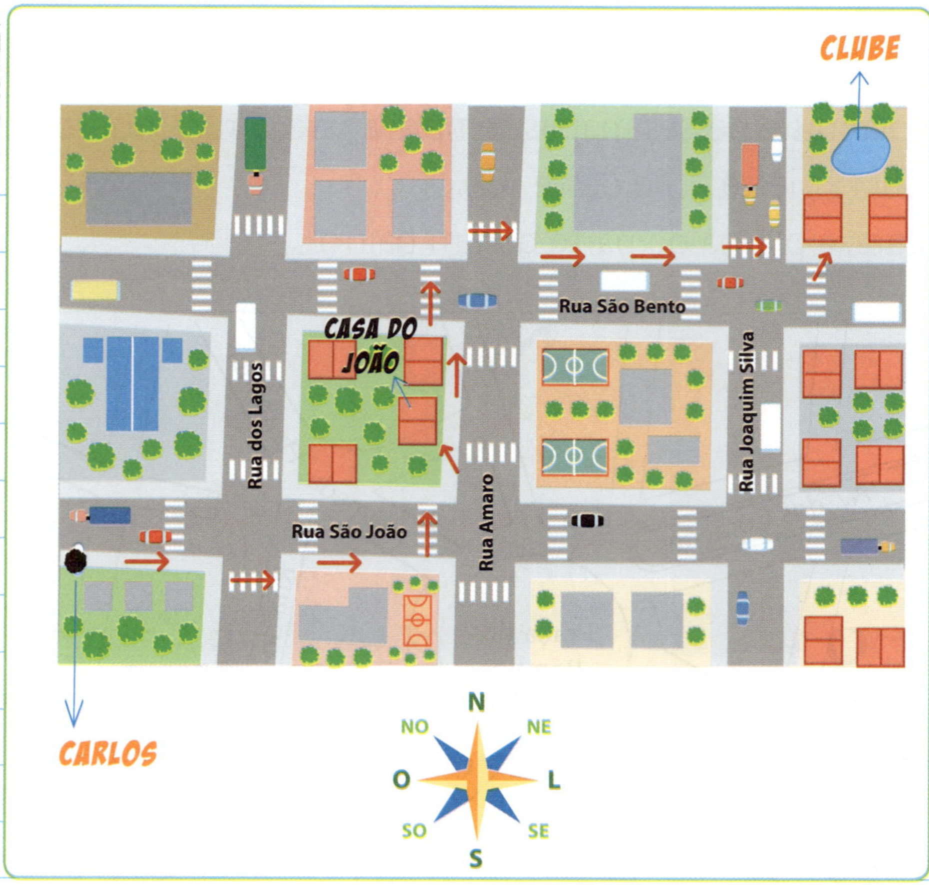

3. Desenhe uma planta que mostre a rua onde você mora e as ruas mais próximas de sua casa. Escreva o nome das ruas.

REFORÇO 5

A cidade

WAGNER TAVARES/PULSAR IMAGENS

A **cidade** é a sede do município.

As cidades podem ser grandes, pequenas ou médias.

As pessoas que residem nas cidades são seus habitantes. Essas pessoas exercem as mais variadas profissões.

Nas cidades há uma parte central, que é o centro da cidade, e os bairros.

Na cidade localizam-se as repartições públicas, as igrejas, os bancos, os escritórios comerciais, os consultórios, as farmácias, as casas de diversões (cinemas, teatros), os restaurantes, as grandes lojas, os prédios de apartamentos, os monumentos, as fábricas etc.

No centro da cidade há grande movimento de veículos e pessoas, pois é nessa região que estão as repartições públicas, sede dos bancos etc. Entretanto nas grandes cidades, há deslocamento destes serviços para várias áreas da cidade, facilitando o acesso da população a esses serviços.

ATIVIDADES...

1. O que é a cidade?

2. Coloque **V** se for verdadeiro e **F** se for falso.

- [ ] No centro das grandes cidades há mais movimento que nos bairros.
- [ ] Os bairros e o centro da cidade ficam na zona rural.
- [ ] Nas cidades há o centro e os bairros.

3. Verifique o que existe no local onde você mora e assinale Sim ou Não.

a) Biblioteca pública	☐ Sim	☐ Não
b) Monumentos	☐ Sim	☐ Não
c) Jornal	☐ Sim	☐ Não
d) Museu	☐ Sim	☐ Não
e) Estação de rádio	☐ Sim	☐ Não
f) Cinema	☐ Sim	☐ Não
g) Estação de televisão	☐ Sim	☐ Não
h) Hospital	☐ Sim	☐ Não
i) Faculdades	☐ Sim	☐ Não
j) Banda ou orquestra	☐ Sim	☐ Não

4. Pesquise.

- Se houver monumentos em sua cidade, procure saber o que eles representam.
- Descubra a origem do nome de sua cidade.
- Verifique se a cidade já teve outro nome.
- Anote no caderno o que descobrir.

REFORÇO 6

A vida na cidade

Os habitantes da cidade geralmente frequentam parques, praticam esportes, vão a shopping centers, bibliotecas, museus, clubes esportivos, restaurantes etc.

Aos domingos e feriados, muitos moradores saem da cidade e vão fazer passeios nas localidades vizinhas, campos ou praias.

MAURICIO SIMONETTI/ OLEG ZABIELIN/ ISMAR INGBER

Os jovens e as crianças da zona urbana frequentam escolas e clubes esportivos, teatros infantis, cinemas etc.

As festas religiosas incluem a do santo padroeiro da cidade e as festas juninas (de Santo Antônio, São João e São Pedro).

Nas festas cívicas comemoram-se as datas históricas, tais como a do aniversário do município, o Dia de Tiradentes, o Dia do Trabalho (1º de maio), a Independência, a Proclamação da República e outras.

ATIVIDADES...

1. Geralmente, que lugares os habitantes da cidade frequentam?

2. Que lugares frequentam os jovens e as crianças da zona urbana?

3. Quais as festas que se costuma realizar nas cidades?

4. O que há nas festas folclóricas?

5. Que festas estão incluídas nas festas religiosas?

6. Quais são as festas cívicas?

7. Pesquise.

a) Qual é o dia do aniversário do seu município?

b) Em que data sua cidade foi fundada?

c) Qual é a população da sua cidade?

d) Na sua cidade há alguma festa folclórica? Qual?

REFORÇO 7

O bairro

Bairros são as partes da cidade que ficam ao redor do centro.

Neles há ruas, avenidas, praças e também igrejas, supermercados, escolas, cinemas etc.

RUBENS CHAVES/PULSAR IMAGENS

Vista aérea do bairro da Pampulha, Belo Horizonte, MG.

Há bairros em que a maior parte das casas e prédios de apartamentos é usada como residência. Por isso são chamados **bairros residenciais**.

Há bairros onde há intenso comércio. Nesses bairros há muito trânsito e movimento nas ruas. São os **bairros comerciais**.

Há ainda bairros com várias indústrias. São os **bairros industriais**.

Periferia e subúrbio

Os bairros que ficam muito afastados do centro da cidade são chamados de **periferia** ou **subúrbios** e formam a **zona suburbana**.

Na periferia concentram-se as favelas e as autoconstruções (casas construídas pelos próprios moradores ou por mutirão).

Nas cidades grandes, o subúrbio pode ser ligado ao centro por estradas de ferro, grandes avenidas ou rodovias.

No subúrbio podem-se localizar indústrias, chácaras, granjas etc.

WAGNER SANTOS/KINO

Bairro Industrial em Cuiabá, MT.

JOÃO PRUDENTE/PULSAR IMAGENS

Bairro da zona rural do município de Heliodora, MG.

ATIVIDADES...

1. O que são bairros?

2. Como podem ser os bairros?

3. Além de ruas e avenidas, o que mais há nos bairros?

4. Onde ficam a periferia e o subúrbio?

5. Escreva **V** se for verdadeiro e **F** se for falso.

- [ ] Subúrbio é uma região afastada do centro da cidade.
- [ ] Os subúrbios ficam no centro da cidade.
- [ ] Estradas de ferro ou grandes avenidas ligam os subúrbios ao centro da cidade.
- [ ] Nos subúrbios pode haver fábricas, chácaras etc.

6. Se você mora em um bairro, escreva tudo que se refere a ele.

- Nome do bairro:

- Tipo de bairro (residencial, comercial, industrial):

- Bairros vizinhos:

- Principais ruas do bairro:

- Nome de praças ou jardins do bairro:

REFORÇO 8

A vida na zona rural

Zona rural é a parte do município localizada fora da cidade. Nela ficam os sítios, chácaras e fazendas.

Os moradores da zona rural dedicam-se à agricultura e à pecuária (criação de animais).

DELFIM MARTINS/PULSAR IMAGENS

Comunidade em meio a plantações, no município de Monte Alto, MG.

No campo não há ruas e avenidas; existem rodovias, estradas, e o trânsito é menor que o da cidade.

Nos lugares onde há mais recursos, os trabalhadores usam equipamentos modernos, tais como arados puxados por tratores, colhedeiras, semeadeiras, debulhadeiras etc.; onde há menos recursos, utilizam-se instrumentos agrícolas mais simples, como enxadas, foices, arados puxados por animais etc.

O trabalhador do campo é chamado de lavrador, agricultor ou peão.

Há trabalhadores que moram na cidade e vão para o campo só na época das colheitas. São os **boias-frias** ou trabalhadores **volantes**.

Saiba que

Os moradores do campo também têm muitas necessidades, como estradas pavimentadas, energia elétrica, escolas para as crianças e jovens, meios de transporte, bibliotecas, locais de lazer e até acesso à internet.

ATIVIDADES...

1. O que é zona rural?

2. Quem faz parte da população da zona rural?

3. A que tipo de trabalho se dedicam as pessoas da zona rural?

4. Nos lugares de mais recursos, o que os trabalhadores do campo usam em seu trabalho?

5. Os trabalhadores do campo são chamados de _______________, _______________ ou _______________.

6. Pesquise por que os boias-frias recebem esse nome.

7. Desenhe um sítio ou uma casa na área rural.

REFORÇO 9

Onde surgiram as cidades

As cidades podem ter surgido

- à beira-mar, junto a um porto;
- à beira de um rio;
- em cruzamentos de estradas de ferro ou de rodagem;
- em regiões de mineração;
- em regiões agrícolas;
- em regiões de pecuária.

A maioria das cidades surgiu e cresceu sem planejamento, muitas com ruas estreitas, tortas, sem saída etc.

Algumas cidades foram planejadas, isto é, traçadas antes da sua construção. As cidades planejadas possuem largas avenidas, como, por exemplo, a cidade de Brasília, capital do Brasil, e Belo Horizonte, capital de Minas Gerais.

Além dessas, há cidades

- **comerciais** (com muito comércio);
- **industriais** (onde há muitas indústrias);
- **administrativas** (as capitais);
- **turísticas** (onde há muito turismo);
- **religiosas**.

Origem da população do município

Em geral, os habitantes de uma cidade pertencem a famílias que ali viveram desde a época de sua fundação.

Outros habitantes podem ter chegado mais tarde, vindos de outras cidades, estados ou países, trazendo diversos usos e costumes para a cidade.

ATIVIDADES...

1. Em que lugares podem ter surgido as cidades?

2. Em que regiões?

3. Como cresceu a maioria das cidades brasileiras?

4. O que são cidades planejadas?

5. Dê o nome de uma cidade planejada.

6. Como são chamadas as cidades
    - com muito comércio?
    - com muitas indústrias?
    - com muito turismo?

7. Que tipo de cidades são as capitais?

8. Dê o nome de uma cidade religiosa que você conhece ou de que tenha ouvido falar.

9. Faça um relatório sobre o local onde você mora, respondendo às perguntas no caderno. Se necessário, faça uma pesquisa sobre o município.

a) Qual é o nome de seu município?

b) O seu município sempre teve esse nome?

c) Qual é o significado desse nome?

d) Quem foi o fundador e quando foi fundada a cidade?

e) Quais são as pessoas ilustres que nasceram em seu município e o que fizeram?

f) Quem nasce em sua cidade que nome recebe?

g) Assinale aquilo que existe na sua cidade:

☐ escolas	☐ clube	☐ ruas de terra	☐ monumentos
☐ praças	☐ parques	☐ estação de trem	☐ igrejas
☐ cinema	☐ hospital	☐ estação rodoviária	☐ lojas
☐ fábricas	☐ metrô	☐ agência de correios	
☐ museu	☐ teatro	☐ shopping center	
☐ praias	☐ porto	☐ ruas asfaltadas	

REFORÇO 10

O meio físico influi no desenvolvimento do município

Os municípios não são iguais. Eles se diferenciam não só pelo tamanho, e pelos serviços públicos que oferecem aos seus moradores, como também pelo meio físico (localização, relevo, rios, vegetação, clima etc.).

As cidades podem localizar-se à margem de rios, à beira do mar, em terras elevadas, em regiões montanhosas, em lugares onde há muita vegetação etc.

A água é um elemento importante para um município. Por isso, quase sempre, as cidades surgiram perto de rios ou nascentes de água.

Algumas cidades localizadas em regiões montanhosas oferecem um clima saudável e são preferidas pelas pessoas não só para tratamento de saúde como também para turismo.

Há cidades localizadas à beira-mar que constituem importantes centros turísticos.

J. L. BULCÃO/PULSAR IMAGENS

Praia do Leme e de Copacabana, Rio de Janeiro, RJ.

Saiba que

As cidades localizadas à beira de rios possuem portos chamados **fluviais**. As cidades localizadas à beira do mar possuem portos chamados **marítimos**.
Pelos portos fluviais e pelos portos marítimos é feita a comunicação e o transporte entre municípios.
O clima influi nas produções do município, bem como na alimentação, na habitação, no vestuário, nos usos e costumes de seus habitantes.

ATIVIDADES...

1. Coloque **V** se for verdadeiro e **F** se for falso.

- [ ] O clima das regiões montanhosas é agradável.
- [ ] O clima não influi nas plantações.
- [ ] Pelos portos pode ser feita a comunicação entre os municípios.
- [ ] Os portos fluviais localizam-se à beira-mar.
- [ ] A água é importante para um município.

2. Preencha a ficha sobre seu município.

a) Ele se localiza

- [ ] em região de montanha.
- [ ] à beira-mar.
- [ ] no interior do estado.
- [ ] em região de planície.
- [ ] à beira de rio.
- [ ] em região de floresta.

b) Em seu município há

- [ ] rio.
- [ ] ilha.
- [ ] lago ou lagoa.
- [ ] serra.

c) Como é o clima em seu município?

- [ ] Faz frio o ano todo?
- [ ] Faz calor o ano todo?
- [ ] O seu clima é agradável?
- [ ] Chove muito durante o ano?
- [ ] Costuma gear?
- [ ] Há muita seca?

d) Quais cidades fazem limite com seu município?

e) Como é a vegetação de seu município?

- [ ] Há florestas?
- [ ] Há pouca vegetação?
- [ ] Há campos?
- [ ] Há manguezal?

f) Dê sua opinião a respeito do município onde mora.

REFORÇO 11

População

CESAR DINIZ/PULSAR IMAGENS

População é o conjunto de habitantes de um lugar.

A população da zona urbana (cidade) é maior que a da zona rural (campo).

É grande o número de habitantes que mudam do campo para a cidade.

A saída de pessoas da zona rural para a zona urbana chama-se **êxodo rural**.

As pessoas que vêm de outros municípios ou de outros estados são chamadas **migrantes**.

Alguns motivos dessa vinda de migrantes são:

- a falta de terra para plantar e criar animais;
- a falta de trabalho;
- a substituição do trabalho humano pelas máquinas;
- secas e pragas que destroem as plantações e matam os animais.

Em geral, as cidades não estão preparadas para receber os migrantes. Por isso, ao chegarem às cidades, os migrantes enfrentam problemas como a falta de moradia e de trabalho.

As pessoas que vêm de outros países para o nosso são chamadas **imigrantes**. São os estrangeiros.

Saiba que

Para saber o número de habitantes de um país, o governo faz o **recenseamento**, que é conhecido pelo nome de **Censo**. Esse recenseamento é feito geralmente de dez em dez anos pelo IBGE (Instituto Brasileiro de Geografia e Estatística).

ATIVIDADES...

1. O que é população?

2. Qual é a zona mais populosa: a urbana ou a rural?

3. Cite três motivos da saída das pessoas da zona rural para as cidades.

4. Em que consiste o êxodo rural?

5. As cidades estão preparadas para receber os migrantes? Por quê?

6. O que o governo faz para saber o número de habitantes de um país?

7. Faça a correspondência ligando com um traço.

Migrantes •	• pessoas que vêm de outros países para o nosso.
Imigrantes •	• pessoas que vêm de outros municípios ou estados.

8. Qual é a instituição que cuida disso?

9. Na sua cidade há imigrantes? De que países eles vieram?

10. Em grupo, faça uma pesquisa para saber:

a) o número de habitantes de seu município;

b) se o número de desempregados de seu município é grande ou pequeno;

c) se tem aumentado ou diminuído o número de habitantes da cidade;

11. Quando você nasceu,como era a cidade em que mora? Pergunte a seus pais ou pessoas mais velhas.

REFORÇO 12

Serviços públicos

DELFIM MARTINS/PULSAR IMAGENS/ALEXANDRE TOKITAKA/PULSAR IMAGENS/
FÁBIO PARADISE/PULSAR IMAGENS/PERFECT GUI

Os serviços públicos facilitam a vida dos moradores de um município. Eles são executados pelo governo do município. Os governos estadual e federal também executam uma parte dos serviços públicos.

São serviços públicos, entre outros:

- sistemas de transporte público;
- a construção e tratamento da rede de água e esgoto;
- a limpeza, pavimentação, iluminação, arborização das ruas, praças, jardins etc.;
- a construção e conservação das creches, escolas, bibliotecas, teatros, museus, postos de saúde, pronto-socorros, hospitais etc.;
- a instalação e conservação de parques infantis, áreas de lazer e centros esportivos;
- o corpo de bombeiros e o policiamento do trânsito;
- os Correios e Telégrafos;
- a segurança

Para manter os serviços públicos, são cobrados impostos e taxas da população do município.

Os impostos e taxas são pagamentos obrigatórios que o povo tem de efetuar ao governo para manter os serviços públicos. Alguns impostos são anuais e outros, cobrados mensalmente nas contas de consumo de energia, água etc.

Alguns serviços públicos (água, luz, telefone) foram privatizados, isto é, passaram a ser cobrados por empresas particulares que executam o serviço; entretanto, nesses serviços há cobrança de impostos.

ATIVIDADES...

1. Qual é a finalidade dos serviços públicos?

2. Quem executa os serviços públicos?

3. Complete.

a) O dinheiro arrecadado nas ______ e ______ é utilizado para os ______.

b) Cite o nome de cinco serviços públicos de sua cidade.

1. ______
2. ______
3. ______
4. ______
5. ______

REFORÇO 13

Como o município é governado

O município é governado pelo prefeito, pelo vice-prefeito e pelos vereadores, eleitos pelo povo, em eleições realizadas de quatro em quatro anos.

JUCA MARTINS/OLHAR IMAGEM

O Poder Executivo

No município, o prefeito exerce o Poder Executivo.

Os prefeitos são eleitos para dirigir e executar o governo.

O prefeito é auxiliado pelo vice-prefeito, que administra o município na sua falta.

O Poder Legislativo

Os vereadores exercem o Poder Legislativo, encarregado de elaborar (organizar) e aprovar as leis e também fiscalizar o Poder Executivo.

Os vereadores são eleitos e trabalham na Câmara Municipal.

O Poder Judiciário

O Poder Judiciário não faz parte do governo municipal. Ele pertence ao governo estadual.

O Poder Judiciário é exercido pelo juiz de direito e pelo promotor. Eles prestaram concurso público para exercerem os seus cargos.

O Poder Judiciário fiscaliza e interpreta o cumprimento das leis e julga os acusados que não as cumprem.

Saiba que

Há ainda outras autoridades no município:

- o delegado de polícia, que cuida da ordem e da segurança do município, auxiliado pelas polícias civil e militar.
- as autoridades religiosas, que dirigem instituições religiosas na cidade. São representadas pelos padres, pastores, rabinos etc.
- o juiz de paz, que realiza os casamentos.
- em alguns municípios também há autoridades militares do Exército, da Marinha, da Aeronáutica, encarregados de manter a ordem e a segurança.

ATIVIDADES...

1. Responda.

a) Quem governa o município?

b) Quem são os vereadores?

c) Onde as leis são discutidas e elaboradas?

2. Qual é o nome:

- do prefeito da sua cidade?
- do vice-prefeito?

- do presidente da Câmara Municipal?
- de um vereador?

3. Faça a correspondência ligando com um traço.

Prefeito •	• Poder Judiciário
Juiz e promotor •	• Poder Legislativo
Vereador •	• Poder Executivo

4. Resolva a cruzadinha

1. O prefeito governa o ______.
2. As leis são discutidas na ______ Municipal.
3. O prefeito exerce o Poder ______.
4. O ______-prefeito governa o município na falta do prefeito.
5. O ______ e o promotor exercem o Poder Judiciário.
6. O ______ exerce o Poder Executivo.
7. Poder exercido pelos vereadores.

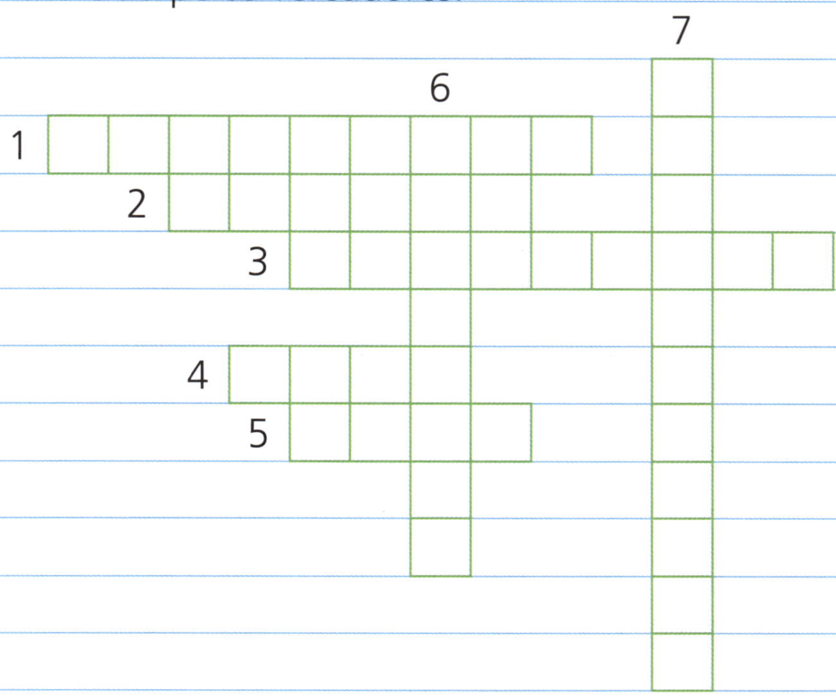

REFORÇO 14 As paisagens naturais

O relevo

Ao fazermos uma viagem observamos que os municípios estão localizados em lugares diferentes: uns planos, outros ondulados, altos etc.

Nesses lugares há montes, montanhas, planícies, planaltos, depressões, vales etc. A essa diferença entre os terrenos que observamos damos o nome de relevo.

Observe na ilustração um esquema das principais formas de relevo.

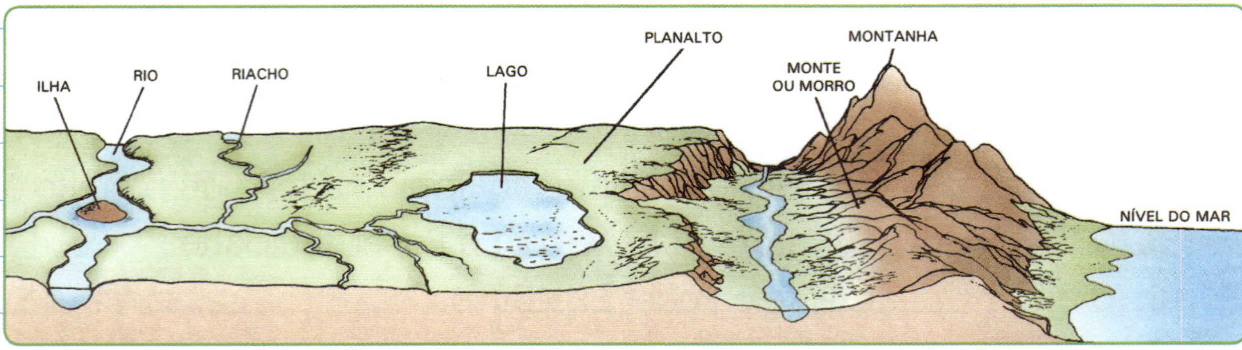

- **Planície** é um terreno plano, às vezes com elevações muito pequenas.
- **Planalto** é um terreno plano localizado em uma área mais elevada.
- **Montanha** é uma grande elevação de terra. Um conjunto de montanhas chama-se **serra**. O ponto mais alto da montanha chama-se **cume** ou **pico**.
- **Monte** é uma elevação de terra menor que a montanha.
- **Morro** ou **colina** é uma pequena elevação de terra, menor que o monte e a montanha.
- **Vale** é uma região plana situada entre duas montanhas.
- **Depressão** é um terreno mais baixo em relação aos terrenos vizinhos.
- **Cabo** é uma ponta de terra que avança pelo mar.
- **Ilha** é uma porção de terra cercada de água.

ATIVIDADES...

1. Complete com a palavra adequada.

a) Sua escola localiza-se em um lugar ______________________.
(plano – elevado)

b) Sua casa localiza-se em um lugar ______________________.
(alto – baixo)

2. Complete os quadradinhos.

1. Grande elevação de terra.
2. Conjunto de montanhas.
3. Pequena elevação de terra.
4. Nome dado às diferentes formas do terreno.
5. Espaço entre duas montanhas.
6. Ponto mais alto de uma montanha.
7. Ponta de terra que avança pelo mar.

1								
2								
3								
4								
5								
6								
7								

3. Observe as duas imagens e indique quais delas representa uma região de planalto e de planície.

RICARDO AZOURY/PULSAR IMAGENS

4. Faça o desenho de uma paisagem natural com diferentes acidentes geográficos.
Use tinta azul na representação das águas e marrom para as terras.

REFORÇO 15

As águas dos oceanos, mares, rios, lagos

A maior parte da superfície da Terra é coberta pelas águas e quase a totalidade delas é salgada.

A grande extensão de água salgada forma os oceanos e mares.

Oceano é uma grande extensão de água salgada.

Mar é uma parte do oceano que fica em contato com a terra.

A faixa de terra banhada pelo mar chama-se **litoral**. No litoral ficam as **praias**.

Lago é uma extensão de água, doce ou salgada, cercada de terra.

Lagoa é um lago pequeno.

Rio é um curso de água que deságua em outro rio, no mar ou num lago.

Riacho, **córrego** ou **ribeirão** são rios mais estreitos e mais rasos.

YGOR OLIVEIRA

O lugar onde o rio nasce chama-se **nascente** ou **cabeceira**.

O lugar onde o rio corre entre a nascente e a foz chama-se **leito**.

O lugar onde o rio despeja suas águas chama-se **foz** ou **embocadeira**.

Os lados dos rios chamam-se **margens**.

Afluente é o rio que despeja suas águas em outro rio.

As águas dos córregos, ribeirão e riachos juntam-se às águas dos rios e correm em direção de outros rios ou do mar.

Importância dos rios

Os rios são importantes porque:

- fornecem água para as cidades;
- fornecem peixe, que é um ótimo alimento;
- fornecem água para as plantações;
- servem para a navegação.

Há rios que apresentam quedas-d'água ou cachoeiras, onde podem ser instaladas usinas que produzem energia elétrica.

Muitas vezes são construídos lagos artificiais, açudes e represas, que servem para armazenar água.

FOTOEMBER

Cataratas do Iguaçu, formada pelas águas do rio Iguaçu antes de se juntar ao rio Paraná.

Saiba que

- A água dos rios recebe um tratamento especial antes de abastecer as cidades.
- Deve-se evitar jogar lixo ou outros materiais nas águas de um rio.
- As águas poluídas, isto é, sujas, transmitem doenças e matam os peixes.

ATIVIDADES...

1. O que é rio?

2. Como são os córregos e riachos?

3. O que é lago? E lagoa?

4. Por que os rios são importantes?

5. Para que podem ser aproveitadas as quedas-d'água e cachoeiras dos rios?

6. Há alguma represa ou açude em seu município?

7. Se no lugar onde você mora existir um rio, responda:

- qual é o nome desse rio?
- onde se localiza (longe ou perto da sua casa)?
- esse rio costuma inundar e invadir as casas que ficam perto dele?
- você costuma nadar ou pescar nesse rio?
- esse rio está poluído?

8. Assinale **Sim** ou **Não**.

A maior parte da superfície da Terra é coberta de água.
☐ Sim ☐ Não

A água dos rios é salgada.
☐ Sim ☐ Não

Os lados dos rios chamam-se margens.
☐ Sim ☐ Não

O lugar onde o rio corre chama-se afluente.
☐ Sim ☐ Não

9. Resolva a cruzadinha.

1. Lados dos rios.
2. Lugar por onde o rio corre.
3. Lugar onde o rio despeja suas águas.
4. Lugar onde o rio nasce.
5. Nome de um lago pequeno.

1	☐	☐	R	☐	☐	☐	☐	
2	☐	☐	I	☐	☐			
	3	☐	O	☐				
4	☐	☐	S	☐	☐	☐	☐	☐
			5	☐	☐	☐	☐	☐

10. Faça a correspondência, ligando com um traço as definições às palavras.

Lugar onde nasce o rio	•	• Cabo
Terra plana e alta	•	• Planalto
Ponta de terra que entra pelo mar	•	• Nascente
Porção de terra cercada de água	•	• Ilha
Curso de água permanente	•	• Vale
Terra plana e baixa	•	• Montanha
Lugar onde as águas entram no mar	•	• Rio
Rio que deságua noutro rio	•	• Planície
Terra baixa entre montanhas	•	• Foz
Grande elevação de terreno	•	• Afluente

11. Marque com um **x** apenas o que estiver correto.

- [ ] O lixo pode ser jogado nos rios.
- [ ] A água é tratada antes de ser enviada para as casas.
- [ ] As águas limpas de rios e mares favorecem a vida dos peixes.
- [ ] Apenas as grandes fábricas podem despejar lixo nos rios.

12. Explique a relação entre quedas-d'água e eletricidade.

REFORÇO 16

Vegetação

Vegetação é o conjunto de plantas que existem em determinado lugar.

O clima, o relevo e o solo têm grande influência na vegetação.

Há vários tipos de vegetação no Brasil: florestas ou matas, campos, cerrados, caatinga, manguezais.

A floresta é o tipo de vegetação constituída de árvores altas (próximas umas das outras), com folhas grandes e largas e com raízes profundas.

CYNTHIA BRITO/OLHAR IMAGEM

Área de Floresta Equatorial, Amazônia.

No Brasil encontramos:

- a **Floresta Equatorial** ou **Amazônica**, uma das maiores do mundo;
- a **Mata Atlântica**, que acompanha a faixa costeira do Brasil e que está quase toda devastada;
- a **Mata dos Pinhais** ou de **Araucárias**: no sul do país, onde predominam os pinheiros;
- a **Mata dos Cocais**: aparece no Maranhão, no Piauí e em Tocantins. Palmeiras muito altas – a carnaúba e o babaçu – predominam nessa mata.

Há ainda:

GERSON GERLOFF/PULSAR IMAGENS

HAROLDO PALO JR

- **Campos**, formados por plantas baixas, onde predomina o capim ou grama. São aproveitados para a pastagem do gado.
- **Cerrado**, formado por arbustos e pequenas árvores com troncos e galhos retorcidos. São plantas de casca grossa.

DORIVAL MOREIRA/PULSAR IMAGENS

FÁBIO COLOMBINI

- **Caatinga**, formada por plantas espinhentas e árvores retorcidas, quase secas. Existem regiões quentes e secas.
- **Manguezais**: vegetação litorânea constituída por arbustos e plantas rasteiras.

Saiba que

- A Mata Atlântica vem sendo destruída pelas queimadas e pela derrubada das matas. Sem vegetação, o solo fica desprotegido, empobrecendo em termos de nutrientes e mais propício à erosão.

ATIVIDADES...

1. O que é vegetação?

2. Qual é a floresta:

a) mais importante do Brasil? .

b) que está quase toda devastada? .

c) que se localiza no sul do Brasil? .

3. Qual é o resultado do desmatamento?

4. A vegetação tem sido destruída no seu município ou no estado em que você mora? Como?

5. Qual é o tipo de vegetação que existe no seu município?

6. Faça a correspondência, numerando:

1 Plantas espinhentas e árvores retorcidas	( ) Mata dos Pinhais ou de Araucárias
2 Vegetação típica do litoral em lugares alagados	( ) Florestas
3 Predominam os pinheiros	( ) Caatinga
4 Predominam a carnaúba e o babaçu	( ) Campos
5 Aproveitados para a criação de gado	( ) Manguezais
6 Árvores altas com raízes profundas	( ) Mata dos Cocais

7. Descubra os vários tipos de vegetação no caça-palavras abaixo:

B	C	E	M	R	F	H	I	R	Q	P	C
O	D	N	F	G	L	J	L	M	T	R	O
P	C	A	M	P	O	S	O	P	U	A	C
N	Q	P	C	E	R	R	A	D	O	X	A
M	A	N	G	U	E	Z	A	L	V	T	I
D	A	R	S	C	S	M	R	S	X	B	S
U	T	C	A	A	T	I	N	G	A	A	M
U	X	Z	A	R	A	U	C	Á	R	I	A

8. Pesquise para saber o que estão fazendo para proteger a vegetação natural em seu município. Escreva o que descobriu.

REFORÇO 17

Recursos naturais

FABIO COLOMBINI

Recurso natural é tudo o que existe na natureza e que não foi feito pela mão do ser humano.

São recursos naturais: a luz do sol, o ar, a água, o solo, os minerais, os vegetais, os animais.

O Sol

- nos fornece sua luz e calor;
- é fundamental para o desenvolvimento das plantas;
- fornece a energia solar usada para aquecer a água nas casas, nos hospitais etc.

O ar

- é necessário para a vida dos animais e das plantas;
- o oxigênio do ar é importante para a respiração dos seres vivos.

A água

- é necessária para a vida dos animais e das plantas;
- é o meio ambiente onde vivem os peixes e vários outros seres vivos aquáticos.

- é utilizada para a navegação e para a produção de energia elétrica nas hidrelétricas.

O solo

- é a parte da Terra onde vivemos, construímos nossas casas e estradas, fazemos as plantações e criamos os animais;
- dele se extrai minérios usados como matéria-prima para a indústria.

Os minerais

- são encontrados no solo ou no subsolo (ouro, prata, ferro, petróleo, sal etc.);
- são utilizados nas indústrias.

Os vegetais

- são utilizados como alimentos e pastagens;
- contribuem para a formação das chuvas;
- tornam agradável o clima de um lugar, enriquecendo o ar de oxigênio;
- são usados na fabricação de remédios, tecidos, móveis, roupas etc.

Os animais

- são usados na alimentação;
- são utilizados nas indústrias, na fabricação de roupas e calçados;
- são usados como meio de transporte.

ATIVIDADES...

1. Responda.

a) Fornece a luz para a Terra: ______________________.

b) Os animais e as plantas não vivem sem ela: ______________________.

c) Contribuem para as chuvas: .
d) Animais que fornecem alimentos: .
e) Os minerais são extraídos: .
f) É utilizada na navegação: .
g) São encontrados no solo ou no subsolo: .

2. O que é fundamental para o desenvolvimento das plantas?

3. Por que o oxigênio é importante?

4. Onde plantamos os nossos alimentos?

5. Dê o nome de alguns minerais.

6. Descubra no caça-palavras os nomes dos recursos naturais.

M	I	N	E	R	A	I	S	A
A	B	D	G	M	H	J	L	N
C	E	F	A	R	T	S	F	I
N	O	P	G	Z	U	O	H	M
Q	R	S	U	A	V	L	J	A
B	E	C	A	T	X	O	L	I
D	V	E	G	E	T	A	I	S

7. Em grupo, faça um cartaz sobre recursos naturais, usando fotos, desenhos, recortes de jornais, revistas etc.

REFORÇO 18

Conservação dos recursos naturais

Nós devemos conservar e proteger os recursos naturais. Para isso, precisamos:

- evitar a poluição dos rios e a pesca sem controle na época da desova dos peixes;
- evitar a derrubada das matas (desmatamento), as queimadas e a erosão;
- promover o reflorestamento, isto é, o plantio de novas árvores;
- combater a poluição do ar, que causa doenças e modifica o clima.

ATELOPUS

Saiba que

- As queimadas arrasam o solo, porque destroem raízes, animais e vegetais formadores de humo terrestre.
- Erosão são os sulcos abertos no solo pelas enxurradas e ventos.
- As enxurradas carregam as partículas do solo, causando o empobrecimento da terra.
- Há um órgão do governo chamado Ibama (Instituto Brasileiro do Meio Ambiente e dos Recursos Naturais Renováveis), cuja finalidade é fiscalizar e proteger os nossos recursos naturais, impedindo sua destruição.
- Há também o Projeto Tamar, desenvolvido pelo Ibama com o fim de proteger as tartarugas marinhas. A palavra Tamar é formada com as primeiras sílabas de "tartaruga marinha".
- Nas florestas quase não há erosão, porque as árvores e as plantas rasteiras protegem o solo.
- As culturas permanentes, tais como café, eucalipto, pinheiro etc., protegem o solo contra a erosão.
- Quando o solo é seco, deve ser irrigado; quando é encharcado, precisa ser drenado.
- Para tornar o solo próprio para a plantação, deve-se ará-lo e adubá-lo.

ATIVIDADES...

1. Como conservamos e protegemos os recursos naturais?

2. O que é preciso para a conservação do solo?

3. No que consiste o desmatamento?

4. O que você entende por reflorestamento?

5. Por que quase não há erosão nas florestas?

6. O que deve ser feito no solo seco? E no solo encharcado?

7. Por que devemos evitar a poluição do ar?

8. Quais são as culturas permanentes que protegem o solo da erosão?

9. O que é o Ibama?

10. Qual é o projeto que tem a finalidade de proteger as tartarugas marinhas?

REFORÇO 19

O meio ambiente pode ser modificado

O meio ambiente é o lugar onde vivem todos os seres: os seres humanos, os outros animais, os vegetais e os minerais.

O ser humano modifica o meio ambiente para tornar mais fácil a vida na comunidade.

O meio ambiente pode ser modificado ainda pelos fenômenos naturais (chuvas, ventos etc.).

O vento varre a superfície dos terrenos, transportando terra, folhas, pedras etc. para outros lugares.

As águas da chuva também modificam o ambiente, pois as enxurradas causam erosões e transportam a terra e os detritos de um lugar para outro.

RUBENS CHAVES/PULSAR IMAGENS

Construção de ponte sobre o rio Uruguai em local que será inundado para construção de barragem de hidrelétrica, Chapecó, SC.

Além disso, o ser humano

- extrai minérios do solo e do subsolo;
- desvia o curso dos rios;
- faz plantações e criações.

ATIVIDADES...

1. Por que o ser humano modifica o meio ambiente?

2. O que se constrói para:

a) atravessar um rio?
b) atravessar uma montanha?
c) instalar usinas para produzir eletricidade?

3. Que tipos de ação podem modificar o meio ambiente?

4. Qual é a ação do vento nessa modificação?

5. Como a água das chuvas modifica o relevo?

6. O que se pode extrair do solo e do subsolo?

REFORÇO 20

O ser humano também pode prejudicar o meio ambiente

Assim como o ser humano pode modificar o meio ambiente para facilitar a vida da comunidade, ele também pode prejudicar esse mesmo ambiente.

Veja o que o ser humano faz de prejudicial ao ambiente.

- Polui o ar com a fumaça das indústrias e dos escapamentos dos carros.
- Polui as águas dos rios, dos mares e dos lagos com esgotos sem tratamento.
- Usa, na agricultura, pesticidas que podem matar os animais e os peixes dos rios.
- Destrói as florestas, queimando ou derrubando as árvores.
- Caça os animais das matas e pesca nas épocas em que não é permitido.

As pessoas ou empresas que desobedecem às leis que protegem a saúde e o bem-estar do povo são punidas com multas, prisões etc.

A vegetação natural quase não existe mais. Muitas árvores e plantas das nossas florestas foram derrubadas ou queimadas.

FABIO COLOMBINI

ATIVIDADES...

1. O que polui o ar que respiramos?

2. O que polui as águas dos mares, rios e lagos, chegando até a matar os peixes?

3. Assinale **sim** ou **não**.

a) Devem-se derrubar as árvores das florestas?
☐ sim ☐ não

b) Devem-se caçar os animais das matas?
☐ sim ☐ não

c) Deve-se pescar só nas épocas permitidas?
☐ sim ☐ não

4. O que acontece às pessoas ou fábricas que desobedecem às leis que protegem a saúde e o bem-estar do povo?

5. Pesquise para saber.

a) Por que não é permitido pescar em certas épocas do ano?

b) Devem-se queimar ou cortar as árvores de uma floresta? Por quê?

REFORÇO 21

Agricultura

FEDERICOA ROSTAGNO

A **agricultura** é uma atividade da zona rural. Consiste no trabalho de cultivar a terra para que ela produza.

Ela nos fornece muitos alimentos e matéria-prima para a fabricação de muitos produtos. São produtos agrícolas: café, arroz, feijão, algodão, milho, cana-de-açúcar, verduras, frutas etc.

As produções vegetais dependem do solo e do clima.

O clima favorece o desenvolvimento da agricultura: há certos produtos que só são cultivados em climas frios, outros exigem climas quentes etc.

O agricultor precisa cuidar do solo, arando-o e adubando-o, se quiser obter boas colheitas. Também deve combater as pragas e doenças que atacam as plantações.

Não se devem fazer queimadas, porque elas destroem a camada fértil do solo.

Saiba que

- As pessoas que se dedicam à agricultura são chamadas de lavradores ou agricultores.
- As secas, geadas e chuvas muito fortes ou de pedra (granizo) estragam as plantações.
- Os produtos obtidos pela agricultura são depois transportados para a zona urbana, a fim de serem vendidos.

ATIVIDADES...

1. Em que consiste a agricultura?

2. Quais são os produtos agrícolas?

3. O que o agricultor precisa fazer para obter boas colheitas?

4. Coloque **V** se for verdadeiro e **F** se for falso.

- [ ] A agricultura é uma atividade da zona rural.
- [ ] As máquinas são produtos agrícolas.
- [ ] As chuvas muito fortes e a geada não prejudicam a agricultura.
- [ ] As pessoas que se dedicam à agricultura são os lavradores ou agricultores.
- [ ] Para se obterem boas colheitas, é preciso cuidar do solo.

- [ ] Não se deve colocar adubos nas plantações.
- [ ] Deve-se usar sementes selecionadas.

5. Procure, no diagrama abaixo, os seguintes produtos agrícolas.

café – algodão – frutas – verduras – arroz
feijão – cana – mandioca

T	B	Z	A	X	R	Z	O	X	R	P	B	L	L	Z	F	R	G	N	L
E	C	A	F	É	P	N	B	S	M	Q	M	N	K	T	T	N	D	P	A
L	D	Z	E	Q	R	X	G	E	L	A	L	G	O	D	Ã	O	S	C	K
E	F	R	U	T	A	S	Z	V	V	B	Z	T	A	R	B	H	Z	H	Z
V	K	S	F	J	N	G	M	H	L	X	V	E	R	D	U	R	A	S	V
I	J	X	V	T	X	V	L	X	H	B	Q	G	X	O	T	R	C	X	O
S	M	M	S	R	A	R	R	O	Z	C	H	F	E	I	J	Ã	O	N	S
H	L	A	R	K	H	V	V	T	Q	Q	Z	X	A	S	S	V	M	R	D
N	O	C	A	N	A	U	T	F	J	G	S	M	A	N	D	I	O	C	A
P	G	G	Q	H	G	V	Q	V	R	D	R	Z	B	R	P	L	X	F	L

6. Entreviste uma pessoa que trabalha na lavoura ou alguém que conheça esse tipo de trabalho. Faça as perguntas a seguir.

a) A que hora começa a trabalhar?
b) Quantas horas trabalha por dia?
c) Que espécie de trabalho faz no campo?
d) Mora no campo ou na cidade? Se mora na cidade, qual o tipo de transporte que utiliza para ir ao campo?
e) Que instrumentos utiliza?
f) Como considera seu trabalho: pesado, fácil, sacrificado?

Escreva o resultado da entrevista em seu caderno.

REFORÇO 22

Pecuária

RUBENS CHAVES/PULSAR IMAGENS

A **pecuária** como atividade econômica consiste na criação de animais. É uma atividade muito importante em alguns municípios.

Quem se dedica à pecuária é chamado **pecuarista**.

Geralmente, a pecuária consiste na criação de bovinos (bois, vacas), suínos (porcos), ovinos (ovelhas), caprinos (cabras), equinos (cavalos), e asininos (asnos, burros, jumentos).

A pecuária fornece alimentos e matéria-prima para as indústrias de carne, couro, lã, leite etc.

Devemos dispensar cuidados especiais aos animais: alimentá-los convenientemente, vaciná-los e mantê-los limpos, bem como o lugar onde vivem (currais, estábulos, galinheiros etc.).

Há ainda a criação de outros animais, muito desenvolvida em alguns municípios. São:

- a **avicultura**: criação de aves;
- a **apicultura**: criação de abelhas;
- a **sericicultura**: criação de bicho-da-seda;
- a **ranicultura**: criação de rãs;
- a **piscicultura**: criação de peixes.

ATIVIDADES...

1. O que é a pecuária?

2. Que tipos de gado geralmente são criados?

3. O que a pecuária nos fornece?

4. O que produz a avicultura?

5. Quais são os cuidados que se devem dispensar aos animais?

6. Escreva **sim** ou **não** nas seguintes afirmativas.

a) Pecuária é a criação de gado. ☐
b) O gado bovino fornece carne, couro, leite etc. ☐
c) Gado suíno quer dizer criação de cabras. ☐
d) Gado ovino é a criação de abelhas. ☐
e) Avicultura é a criação de aves. ☐
f) A criação de abelhas chama-se apicultura. ☐
g) As granjas são utilizadas para a criação de cavalos. ☐

7. Qual é o tipo de animal representado pelos:

- bovinos?

- suínos?
- ovinos?
- caprinos?
- equinos?
- asininos?

8. Faça a correspondência.

1 agricultura	☐ criação de rãs
2 pecuária	☐ criação de abelhas
3 avicultura	☐ criação de aves
4 apicultura	☐ cultivo da terra
5 ranicultura	☐ criação de animais
6 piscicultura	☐ criação de peixes

9. Resolva a cruzadinha.

1. Animal equino criado na pecuária.
2. Animal criado na avicultura para produzir carne e ovos.
3. Serve de montaria e puxa carroças.
4. Os animais devem ser.
5. O que a abelha fabrica.
6. Dedica-se à agricultura.
7. Dedica-se à pecuária.
8. Fornece carne e banha.

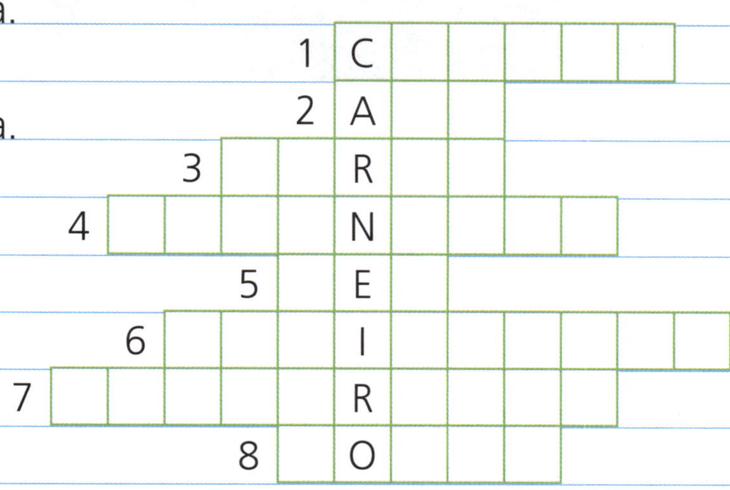

REFORÇO 23

Outras atividades do ser humano

A pesca

A pesca é uma das atividades do ser humano. É muito importante, pelos benefícios que traz.

As canoas, as jangadas, os barcos, as redes, os anzóis são instrumentos de trabalho dos pescadores.

RICARDO AZOURY/OLHAR IMAGEM

A maioria dos peixes, tanto do mar como dos rios e lagos, constitui uma rica fonte de alimentos para o ser humano.

Além dos peixes, os pescadores pescam camarões, lagostas, lulas, caranguejos, polvos etc.

Os produtos obtidos pelos pescadores são utilizados na alimentação da população, nas indústrias alimentícias etc.

A mineração

CHRIS LISLE/CORBIS

A retirada de minerais do solo chama-se **mineração**.

Quando a mineração é feita na superfície da terra chamamos esse lugar de **pedreira**.

Quando a extração de minerais e de rochas é feita embaixo da terra (subsolo) chamamos esse lugar de **mina**.

Quem trabalha nas minas é o mineiro.

Exploramos do solo e do subsolo o ferro, o ouro, a prata, as pedras preciosas, o mármore etc.

ATIVIDADES...

1. Onde pode ser feita a pesca?

2. Quais são os instrumentos de trabalho dos pescadores?

3. Além de peixes, o que mais os pescadores pescam?

4. Em que são utilizados os produtos obtidos pela pesca?

5. Você gosta de peixe? Qual é o peixe de sua preferência?

6. O que é mineração?

7. Que nome se dá ao lugar onde se faz:

- a mineração acima da superfície da terra.
- a extração embaixo da terra.

8. O que exploramos do solo e do subsolo?

9. A classe será dividida em dois grupos: um dos grupos fará um painel sobre a pesca e o outro, sobre a mineração.
Use desenhos, fotos, recortes de jornais e revistas.

REFORÇO 24

O artesanato

INGRAM PUBLISHING

Desde que o ser humano apareceu sobre a Terra, teve necessidade de trabalhar.

No começo, trabalhava para satisfazer suas primeiras necessidades: conseguir alimentos, fazer suas roupas, construir sua casa.

Durante muitos anos, o ser humano quase que só trabalhava com as mãos. Esse trabalho recebeu o nome de **artesanato**.

Ainda existe essa atividade artesanal, porém em menor quantidade. Ela é exercida pelo artesão, que executa trabalhos em madeira, couro, metais, cerâmica, barro, tapeçaria, bordados, joias, bijuterias etc.

O artesanato está ligado ao trabalho, às festas, às crenças e aos recursos naturais existentes no local.

Ao serem inventadas as primeiras máquinas, o trabalho dos artesãos começou a diminuir. Foram criadas as indústrias, que produzem grandes quantidades de produtos de modo mais rápido.

ATIVIDADES...

1. Como se chama a pessoa que faz o artesanato?

2. A que o artesanato está ligado?

3. Quais são os materiais usados no artesanato?

4. Qual é o artesanato mais comum no seu município?

5. De que material é feito o artesanato no seu município: barro, couro, madeira, palha, lata, plástico ou de outro material?

6. Preencha o quadro a seguir com a foto ou o desenho de algum produto artesanal.

REFORÇO 25

A indústria

A indústria é uma importante atividade econômica do ser humano. Ela extrai ou transforma o material fornecido pela natureza, que é chamado **matéria-prima**.

A indústria pode ser de **extração** e de **transformação**.

As **indústrias de extração** só fazem a extração da matéria-prima Fazem parte dela:

a) Empresas de exploração vegetal, como empresas madeireiras, de extração da castanha-do-pará, da castanha-de-caju, do babaçu, do sisal, do látex da seringueira etc.

b) Empresas de pesca e de exploração mineral.

DELFIM MARTINS/PULSAR IMAGENS

Exploração vegetal: seringueira.

A **indústria de transformação** transforma a matéria-prima em produtos industrializados. Pode ser:

- **indústria de bens de consumo**: fabrica produtos que são consumidos pelas pessoas. São as indústrias de alimentos, de bebidas, de roupas, remédios, eletrodomésticos, automóveis, máquinas, brinquedos etc.
- **indústria de base**: fabrica produtos que são usados por outras indústrias para fazer novos produtos. São as indústrias metalúrgicas.

Observe nas imagens abaixo algumas das etapas do processo de transformação do minério em aço.

SERHIY ZAVALNYUK

Extração do minério de ferro.

CHALABALA

Produção de aço em siderúrgica.

SABIRBABAYEV

Barra de metal produzida com o aço fabricado.

- **Alimentícias**: produzem e transformam os alimentos.

ALEXANDER SHIROKOV/ZEDCOR WHOLLY OWNED
IRINA TISCHENKO/FOTOFERMER/KARAM MIRI

- **Têxteis**: produzem fios e tecidos de lã, de algodão, linho, seda e outras fibras.

ZOONAR RF/SERG_VELUSCEAC
ARICA STUDIO

- **Metalúrgicas**: transformam os minerais em metais, com os quais se fabricam objetos diversos.

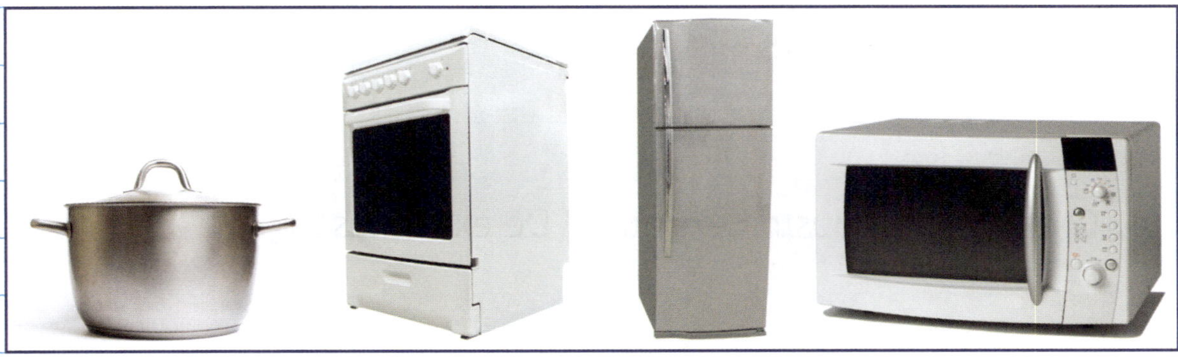

INDIGOBETTA/DMITRY VERESHCHAGIN/ABBPHOTO

- **Indústrias químicas**: transformam os minerais não metálicos em produtos. São constituídas pelas fábricas de cimentos, de adubos, de produtos farmacêuticos, de tintas, de ácidos, pelas refinarias de petróleo etc.

Saiba que

- Em alguns municípios já há áreas reservadas só para fins industriais.
- Essas áreas são instaladas fora da cidade, a fim de evitar a poluição.
- Os proprietários das indústrias são os industriais.
- Os trabalhadores das indústrias chamam-se operários ou industriários.
- As indústrias contribuem para o desenvolvimento dos municípios, dando emprego a muitas pessoas e pagando impostos ao governo.

ATIVIDADES...

1. O que é indústria?

2. O que faz a indústria?

3. O que é matéria-prima?

4. O que faz a indústria extrativa? Dê exemplos.

5. O que faz a indústria de transformação? Dê exemplos.

6. O que se fabrica

a) com a lã e o algodão?

b) com a madeira?

c) com os metais (ouro, prata)?

7. Dê o nome de dois produtos das indústrias:

a) alimentícias.

b) têxteis.

c) metalúrgicas.

d) químicas.

8. Coloque **V** se for verdadeiro e **F** se for falso.

☐ Os tecidos de algodão, linho e lã pertencem à indústria têxtil.

☐ Na zona rural não pode haver indústrias.

☐ As indústrias transformam os produtos naturais em produtos fabricados.

☐ Com o cacau e o açúcar faz-se chocolate.

☐ O pão é um produto da indústria alimentícia.

9. Pesquise e escreva os materiais necessários para se fazerem

a) tecidos.

b) sapatos.

c) doces.

10. Em grupo, pesquise:

a) Se há indústrias em sua cidade.

b) Quais são as indústrias mais importantes de sua cidade.

c) Quais são as matérias-primas usadas nas indústrias de sua cidade.

d) O que essas indústrias produzem com as matérias-primas.

e) Se essas indústrias respeitam ou não o meio ambiente quanto à poluição.

REFORÇO 26

O comércio

Quando vendemos ou compramos alguma coisa, estamos fazendo **comércio**.

O comércio pode ser feito entre uma cidade e outra e entre as cidades e a zona rural.

Os habitantes da zona rural compram das cidades, entre outras coisas, roupas, calçados, ferramentas, veículos etc.

VUVU

PRETO PEROLA

ROB WILSON

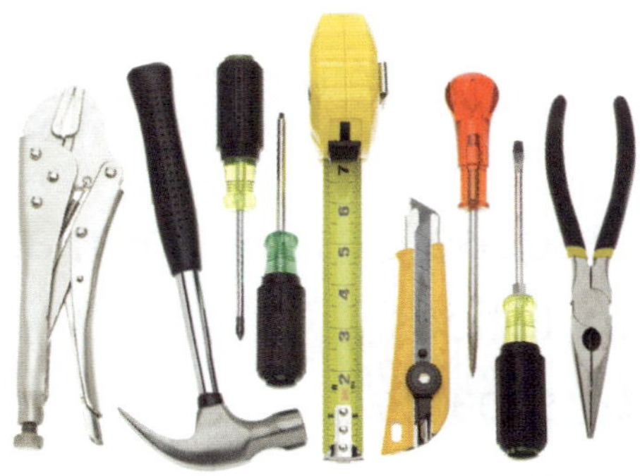

DAN KOSMAYER

Os produtos que vêm da zona rural para serem vendidos na cidade são: café, leite, cereais, carne, frutas, verduras, aves, ovos etc.

ALEPH STUDIO

O comércio do município pode ser:

- **interno**, quando é feito dentro dos limites do município.
- **externo**, quando é feito com outros municípios.

Além disso, o comércio externo também pode ser:

- **de exportação**, quando vende os produtos para outros países.
- **de importação**, quando compra os produtos de outros países.

Os países de todo o mundo importam e exportam coisas.

Quando algum país precisa de um produto que não tem, importa-o de outro país. Em troca, paga o que importou ou exporta produtos de seu país.

Exportando e importando, cada país conhece, prova e usa produtos de quase todos os outros países do mundo.

Saiba que

- Os donos dos estabelecimentos são chamados comerciantes ou negociantes.
- As pessoas que trabalham nas casas comerciais são chamadas de **comerciários**.
- **Consumidor** é aquele que compra.

As mercadorias

A troca de mercadorias é a mais antiga forma de comércio. Antes da invenção da moeda, o agricultor dava, por exemplo, produtos agrícolas em troca de ferramentas de trabalho etc.

Para facilitar a troca, foi inventada a moeda (dinheiro), à qual se deu um determinado valor. No comércio atual também se usam cheques e cartões de crédito para efetuar pagamentos.

Nas cidades, além das casas comerciais, as mercadorias são vendidas nas feiras, nos mercados ou pelos vendedores ambulantes e camelôs.

Há um órgão do governo responsável por defender os interesses dos consumidores que se chama Procon (Fundação de Proteção e Defesa do Consumidor).

ATIVIDADES...

1. Que atividade exercemos quando compramos ou vendemos alguma coisa?

2. Como o comércio pode ser feito?

3. Faça a correspondência, numerando.

Comerciante	1	☐	Funcionário de casa comercial
Consumidor	2	☐	Dono de casa comercial
Comerciário	3	☐	Pessoa que compra

4. Cite alguns produtos que os habitantes da zona rural compram na cidade.

5. Cite alguns produtos que os habitantes da cidade compram na zona rural.

6. Qual é a mais antiga forma de comércio?

7. O que foi inventado para facilitar essa troca?

8. Além de supermercados e casas comerciais, em que lugares da cidade também são vendidas as mercadorias?

9. Assinale com um **x** só as alternativas corretas.

- [ ] O comércio interno é feito dentro do município.
- [ ] Quando vendemos produtos para outros países, temos a importação.
- [ ] O comércio de importação é feito quando os produtos são comprados de outros países.
- [ ] O comércio feito fora do município é o comércio externo.
- [ ] A forma mais antiga de comércio era feita com uso da moeda.
- [ ] No comércio de exportação os produtos são vendidos para outros países.

10. Resolva a cruzadinha.

1. Também são usados para efetuar pagamentos.
2. Foi inventada para facilitar a troca.
3. Donos dos estabelecimentos comerciais.
4. A troca de ______________ era a forma mais antiga de realizar o comércio.
5. O comércio pode ser feito entre as cidades e a zona ______________.
6. Um dos produtos da zona rural que é vendido na cidade.

7. O comércio do município pode ser externo e _______________.

8. O comércio de _______________ é aquele em que os produtos são comprados de outros países.

1	C
2	O
3	M
4	É
5	R
6	C
7	I
8	O

11. Em grupo, pesquise.

a) Quais são os principais produtos que seu município compra de outros municípios?

b) Quais são os principais produtos que seu município vende para outras localidades?

Ciências

Sumário

REFORÇO 1

A Terra

Como é a Terra

Ao redor da Terra está o ar, uma camada de gases que forma a atmosfera.

Nosso planeta apresenta uma superfície sólida que forma os continentes e o fundo dos oceanos, lagos, rios. Tem também as águas dos oceanos, mares, rios e lagos.

NASA

Detalhe de área da costa leste do Brasil, mostrando parte do continente e do Oceano Atlântico.

Observe o esquema, ele mostra que para uma parte sólida da Terra há três partes de água.

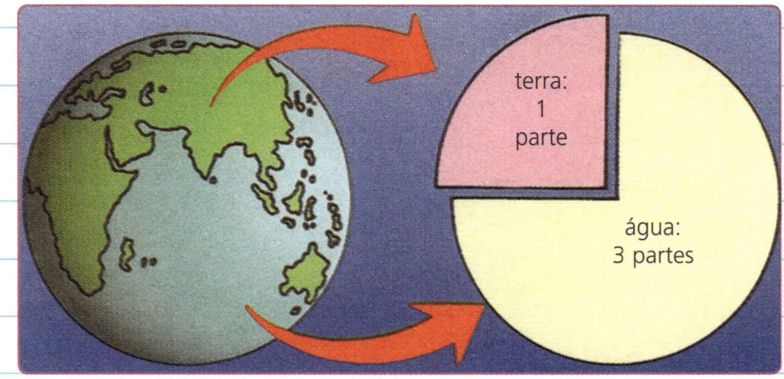

A Terra é um planeta iluminado pelo Sol.

Os continentes são contínuas extensões de terra. Eles são: Europa, Ásia, América, África, Oceania e Antártica.

Os oceanos são grandes massas salgadas que banham os continentes. Eles são os oceanos Atlântico, Pacífico, Índico, Glacial Ártico e Glacial Antártico.

ABLESTOCK

A Terra tem a forma arredondada, mas é achatada nos polos.

Os polos são gelados.

ATIVIDADES...

1. Como é formado o planeta Terra?

2. Qual é a forma da Terra?

3. Complete as frases.

a) A parte ______ é formada pelos continentes e pelo fundo dos mares, dos oceanos, dos rios, dos lagos etc.

b) A parte ______ é formada pelas águas dos oceanos, rios, lagos, nascentes etc.

c) A parte ______ é formada pela camada de ar que envolve o nosso planeta.

4. Observe um mapa do mundo para responder a estas questões.

Planisfério

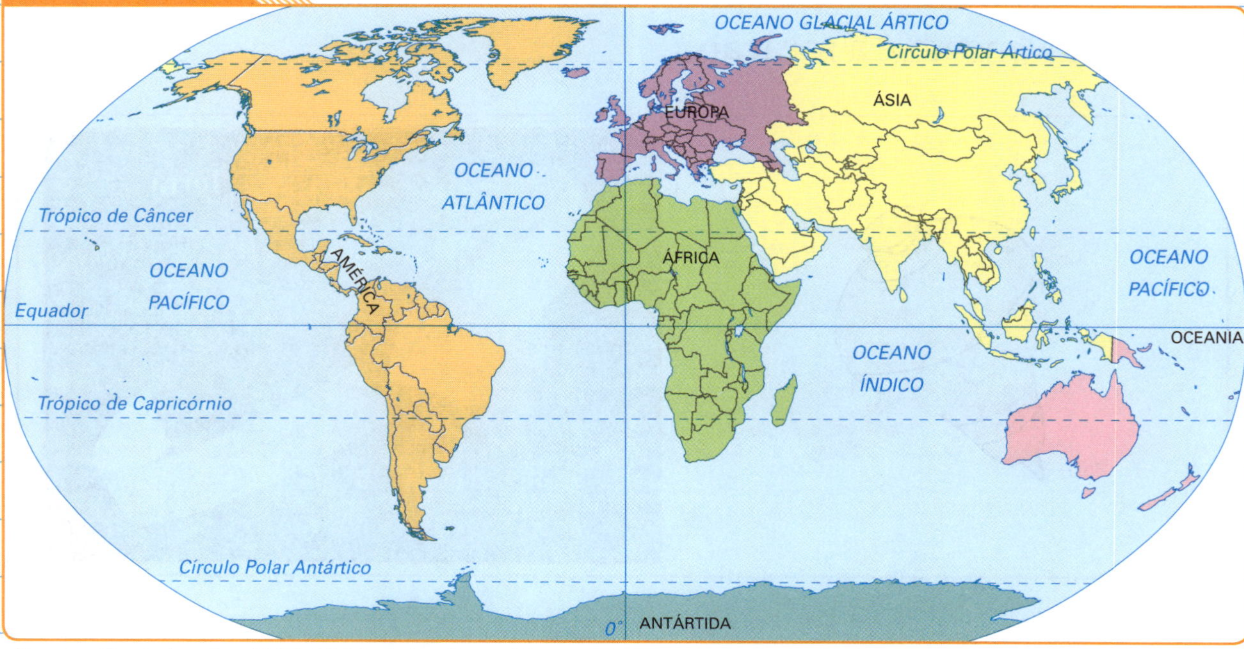

Fonte: Rio de Janeiro: IBGE, 2009. *Atlas Geográfico Escolar*.

a) Em que continente está localizado o Brasil?

b) A América e a Europa são continentes ou oceanos?

c) O que são o Atlântico e o Pacífico?

d) Qual oceano banha o Brasil?

Movimentos da Terra

A Terra gira em torno de si mesma, como se fosse um pião.
Esse movimento é a **rotação**.

Cada rotação da Terra demora cerca de 24 horas, ou seja, 1 dia.

Durante o movimento de rotação, a parte da Terra que está virada para o Sol fica iluminada.

A parte que não está virada para o Sol fica sem a luz solar.

Na parte iluminada é dia. Na parte sem luz solar é noite.

Portanto, o movimento de rotação produz o dia e a noite.

LUIZ ROCHA/CATARINA BELOVA

Momentos, durante o dia e à noite, com vista do Pão de Açúcar, Rio de Janeiro, RJ.

Ao mesmo tempo em que gira ao redor de seu eixo, a Terra se move ao redor do Sol. Esse é o movimento de **translação**.

A Terra demora 365 dias e 6 horas, ou seja, um ano para completar uma volta em torno do Sol. Durante esse tempo, a inclinação do eixo da Terra em relação ao plano em que ela gira ao redor do Sol faz variar a inclinação dos raios solares que cada região do planeta recebe ao longo do ano. Assim, esse movimento dá origem às estações do ano.

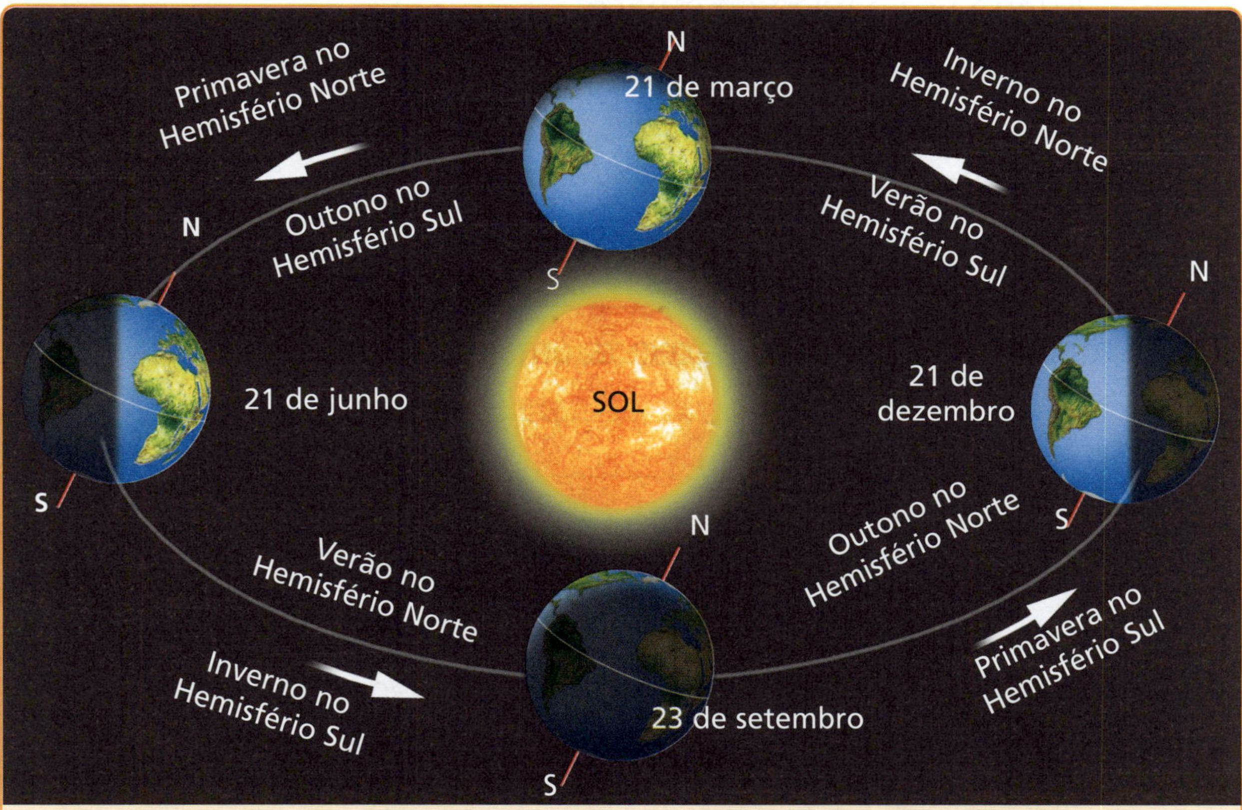

As estações do ano são opostas na metade norte (Hemisfério Norte) e na metade sul (Hemisfério Sul) da Terra.

No Brasil, as estações do ano não são tão diferentes umas das outras como no Hemisfério Norte. Na Europa, por exemplo, neva no inverno e, na primavera, com o degelo, a vegetação rasteira ressurge, as árvores brotam folhas novas e muitas plantas florescem.

Aqui em nossa terra, somente no Rio Grande do Sul, em Santa Catarina e no Paraná há dias de muito frio no inverno, chegando até a nevar. Mas, no inverno da Bahia e em outros estados do Nordeste, chove durante essa época do ano e o frio não é tão intenso.

ATIVIDADES...

1. Coloque **V** para as afirmações verdadeiras e **F** para as falsas.

☐ A Terra tem movimentos.
☐ A Terra fica parada no espaço.
☐ O movimento de rotação produz o dia e a noite.

2. Como é o movimento de rotação?

3. Em quanto tempo a Terra executa uma rotação?

4. O que o movimento de rotação causa na Terra?

5. Como se chama o movimento da Terra em redor do Sol?

6. Quanto tempo leva esse movimento?

7. O que tem origem nesse movimento?

8. Na Europa, cai neve no inverno e tudo fica coberto de gelo. Onde isso pode acontecer no Brasil?

9. Descubra as palavras no diagrama.

rotação – translação – noite – dia – inverno
primavera – outono – verão

B	C	L	M	Q	S	T	N	V	B	E	H	G
D	R	O	T	A	Ç	Ã	O	E	I	C	F	S
N	P	R	I	U	V	X	B	R	D	J	R	T
T	R	A	N	S	L	A	Ç	Ã	O	Q	U	V
C	N	R	V	M	V	D	B	O	C	X	N	Z
S	O	F	E	P	R	I	M	A	V	E	R	A
V	I	V	R	S	X	A	L	O	P	M	S	X
Z	T	X	N	T	Z	N	Q	R	T	U	Z	B
H	E	N	O	U	T	O	N	O	U	C	M	L

10. Observe a figura. A lanterna representa o Sol e a bola representa a Terra.

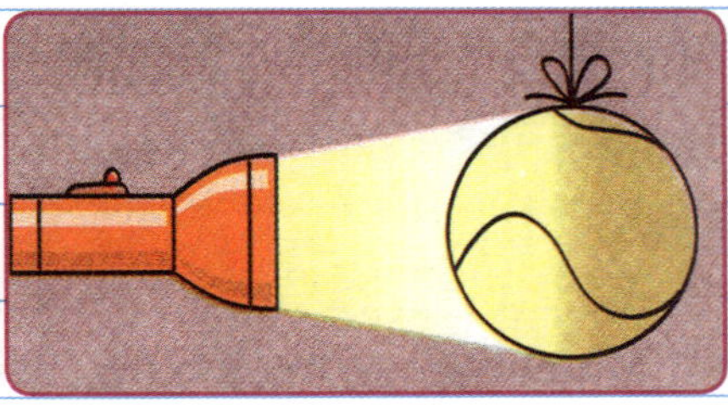

a) Na parte iluminada é ____________________.

b) Na parte escura é ____________________.

11. Na figura estão representadas as quatro estações. Identifique cada uma delas.

12. Observe o desenho e complete a frase.

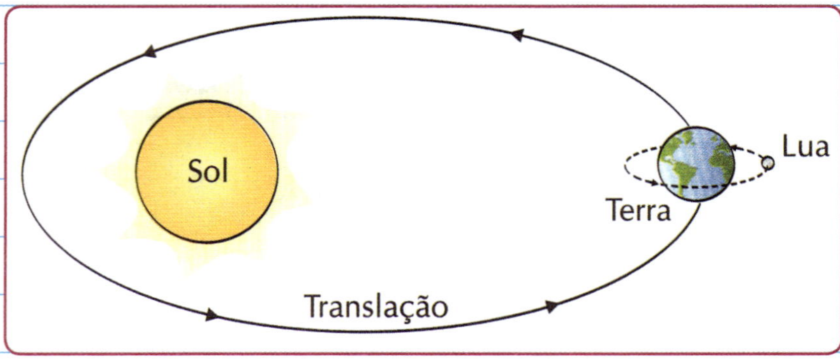

A Lua gira ao redor da Terra.
A Terra gira ao redor do ____________.

13. Qual é a estação do ano de que você mais gosta? Escreva o motivo da sua preferência.

14. Faça um desenho da estação do ano de que você tanto gosta.

REFORÇO

2

Estados da matéria

Corpos sólidos, líquidos e gasosos

Observe ao seu redor os objetos que você pode ver e tocar.

Todos esses objetos são formados por matéria.

Também são formados de matéria o nosso corpo, a madeira, a pedra, a água, o ar, enfim, tudo o que existe.

Tudo aquilo que ocupa lugar no espaço é formado por matéria. Sem matéria não existiriam os seres com vida nem os elementos sem vida.

MONKEY BUSINESS IMAGES

As pessoas, o carrinho, e tudo que está no ambiente do supermercado é formado por matéria.

A matéria não se apresenta sempre da mesma forma.

Ela se apresenta em três estados: sólido, líquido e gasoso.

A água, por exemplo, pode estar no estado sólido (gelo), líquido e na forma de gás, que é o vapor de água, que não se vê.

Corpos sólidos

Características dos corpos sólidos:
- apresentam forma definida (sempre igual);
- têm volume (tamanho) constante;
- geralmente são duros e resistentes.

São corpos sólidos as pedras, os animais, os objetos, os vegetais etc.

DIVULGAÇÃO/EDITORA NACIONAL

O livro é sólido.

Corpos líquidos

Características dos corpos líquidos:
- não têm forma definida;
- tomam a forma das vasilhas que os contêm;
- seu volume é sempre o mesmo.

São corpos líquidos a água, o vinho, o leite, o álcool, os refrigerantes etc.

JAREN JAI WICKLUND

A água e o leite são líquidos.

Corpos gasosos

Características dos corpos gasosos:
- não têm forma definida;
- não têm volume constante.

São corpos gasosos o ar, a fumaça, o vapor de água e os gases em geral.

YOCAMON

A fumaça é gasosa.

ATIVIDADES...

1. Escreva o nome de três coisas:

   a) que podemos pegar.

   b) que podemos colocar em uma vasilha e beber.

2. Em que estados os corpos podem se apresentar?

3. Em que estado se encontram:

   a) o álcool e a gasolina: _______________.
   b) a areia e o tijolo: _______________.
   c) o ar e a fumaça: _______________.
   d) o guaraná e o leite: _______________.
   e) a fruta e o doce: _______________.
   f) o oxigênio do ar: _______________.

4. Assinale as afirmações verdadeiras.

   - [ ] Os sólidos têm forma definida; os líquidos não têm.
   - [ ] O ar é um corpo gasoso.
   - [ ] A água toma a forma do copo que a contém.
   - [ ] Geralmente os sólidos são duros e resistentes.
   - [ ] O óleo é um corpo sólido.
   - [ ] Os corpos gasosos têm forma própria.

Mudanças de estado da água

A água é necessária para a vida do ser humano, dos outros animais, das plantas e demais seres vivos.

A água é usada para a higiene do nosso corpo, dos nossos alimentos e da nossa habitação.

A água existe nos estados **sólido**, **líquido** e **gasoso**. Observe.

ELNUR

Estado sólido.

STUDIOVIN

Estado líquido.

KAZOKA

Estado gasoso (invisível).
A fumaça é água líquida.

O gelo e a neve são água no estado sólido. Encontramos água no estado sólido nos polos, nas geleiras, no congelador das geladeiras, nos frigoríficos etc.

A água dos rios, mares etc. encontra-se no estado líquido. Também existe água líquida nas fontes, nos poços e nos seres vivos. A água, como todos os líquidos, não tem forma própria. Ela toma a forma da vasilha que a contém e sua superfície é plana e horizontal.

Dependendo da temperatura, a água pode mudar de estado físico.

Estado sólido. Estado líquido. Estado gasoso (invisível).

Pela ilustração, você observa que:

- a água pode passar do estado sólido (gelo) para o líquido, depois para o gasoso (vapor) se a temperatura aumentar.
- a água pode passar do estado gasoso (vapor) para o líquido (fumaça no ar) e depois para o sólido (gelo), se a temperatura diminuir.

Saiba que

A fumaça que sai da panela é feita de gotinhas de água suspensas no ar. Elas se formam quando o vapor que sai da panela passa para o estado líquido.

Vamos fazer algumas experiências para observar as mudanças de estado da água.

EXPERIÊNCIA

1ª experiência

1. Pegue cubos de gelo (sólido).
2. Coloque-os fora do congelador durante algum tempo ou em uma vasilha no fogo.
3. Observe que o gelo derrete, isto é, transforma-se em água (líquido).
4. Ocorre a **fusão**.

A mudança da água do estado sólido para o estado líquido chama-se **fusão**.

2ª experiência

1. Coloque água (líquido) no congelador.
2. Deixe passar algum tempo.
3. Observe que a água se transforma em gelo.
4. Ocorre a **solidificação**.

A passagem da água do estado líquido para o estado sólido chama-se **solidificação** ou **congelamento**.

3ª experiência

1. Pegue uma vasilha com água (líquido).

2. Com a ajuda de um adulto, ponha essa água para ferver.

3. Quando a água começa a ferver ela vai saindo da vasilha em forma de vapor de água (gasoso).

4. Dá-se a **vaporização**, mas não vemos esse vapor porque a água na forma de gás é invisível.

Este experimento só deve ser feito na presença de um adulto.

A passagem da água do estado líquido para o estado gasoso chama-se **vaporização**.

Quando a vaporização é por fervura da água, chama-se **ebulição**. Quando a vaporização é lenta, chama-se **evaporação**, como acontece com a água do rio.

4ª experiência

1. Com a ajuda de um adulto, coloque água para ferver em uma vasilha destampada.

2. Assim que a água começar a ferver, o adulto vai tampar a vasilha com uma tampa de vidro ou de alumínio.

3. Observe que o vapor de água (gasoso), ao encontrar a superfície fria do vidro ou do alumínio, transforma-se em gotinhas de água (líquido).

4. Ocorre a **condensação**.

A passagem da água do estado gasoso para o estado líquido chama-se **condensação**.

Este experimento só deve ser feito na presença de um adulto.

ATIVIDADES...

1. Para que a água é necessária?

2. Faça a correspondência.

água dos rios	estado sólido
gelo das geleiras	estado gasoso
vapor do ar	estado líquido

3. Observe as ilustrações e responda:

a) O que vai acontecer se o gelo ficar fora do congelador?

b) O que acontece se aquecermos a água?

c) O que acontece quando destampamos uma panela com água fervendo e por que isso ocorre?

4. No desenho, a água está fervendo. Complete as frases.

a) Antes de ser aquecida, a água estava no estado ________.

b) Ao ser aquecida, a água passou para o estado ________.

c) Essa mudança de estado chama-se ________.

d) O vapor de água esfriou e passou para o estado ________.

e) Essa mudança de estado é a ________.

5. Para haver mudança de estado, é necessário frio ou calor. Então para a água passar:

a) do estado sólido para o líquido, é preciso ________.

b) do estado gasoso para o líquido, é preciso ________.

c) do estado líquido para o gasoso, é preciso ________.

d) do estado líquido para o sólido, é preciso ________.

6. Faça a correspondência.

a Fusão	☐ Líquido para gasoso
b Solidificação	☐ Gasoso para líquido
c Evaporação	☐ Sólido para líquido
d Condensação	☐ Líquido para sólido

7. Coloque **V** se for verdadeiro e **F** se for falso.

☐ A mudança da água do estado gasoso para o estado líquido chama-se condensação.

☐ O gelo é a água em estado líquido.

☐ Colocando-se água no congelador, ela passa para o estado sólido.

☐ A mudança de água do estado sólido para o líquido chama-se fusão.

8. Complete as frases e preencha os quadrinhos.

a) Água em estado sólido: ______________________.

b) Passagem do estado de vapor para líquido: ______________________.

c) Número de estados da água na natureza: ______________________.

d) Na evaporação, a água passa do estado líquido para o ______________________.

e) Passagem do estado líquido para o sólido: ______________________.

f) Passagem do estado líquido para o gasoso sem fervura: ______________________.

g) Passagem do estado sólido para o líquido: ______________________.

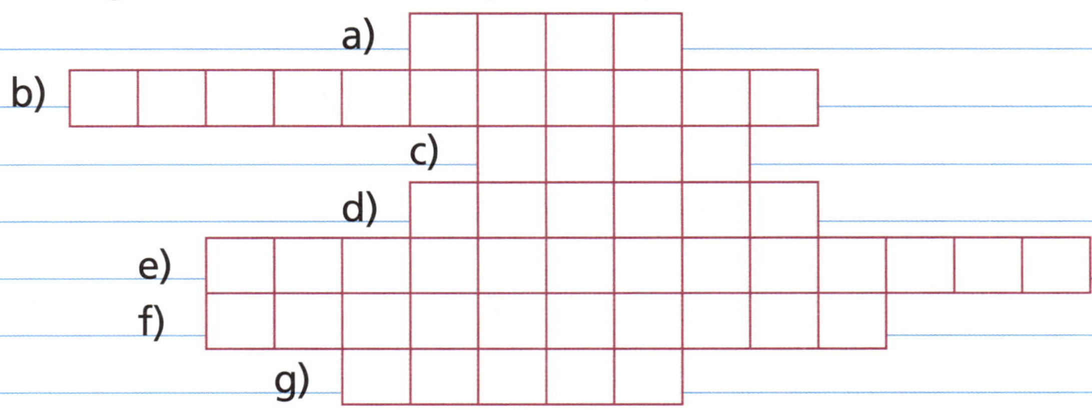

Ciclo da água

Esquema do ciclo da água

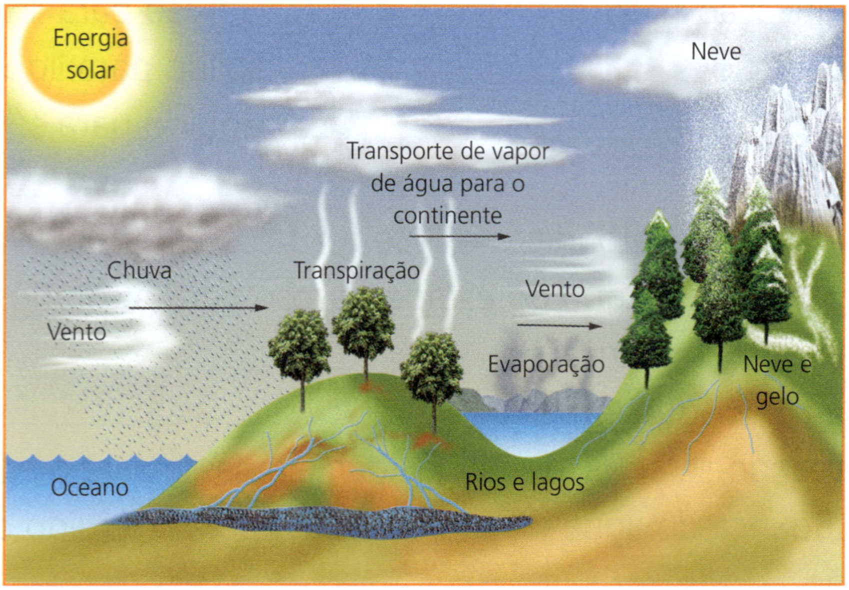

Observe a ilustração acima. A energia do Sol aquece e evapora a água dos mares, dos rios, dos lagos, das plantas etc. Ou seja, transforma a água em vapor.

As plantas e os animais transpiram e a água evapora.

O vapor sobe para as camadas mais altas e frias da atmosfera.

Nessas camadas, o vapor se condensa, isto é, transforma-se em minúsculas gotinhas (gotículas) de água. Essas gotinhas se agrupam e formam as nuvens.

As gotículas continuam se agrupando, cada vez mais, até se tornar pesadas e caírem na forma de chuva, neve ou granizo (gelo).

Uma parte da água da chuva infiltra-se no solo. Depois, essa água surge em outro lugar, dando origem a uma nascente.

A água da chuva também escorre pelo solo e vai para os riachos e rios, que chegam até o mar. E as águas dos mares, rios etc. serão novamente evaporadas pela energia do Sol.

Essa contínua transformação da água, passando da terra para atmosfera, desta para a terra e daí de novo para a atmosfera recebe o nome de **ciclo da água**.

ATIVIDADES...

1. O que faz evaporar a água dos mares, dos rios e das roupas molhadas nos varais?

2. O que acontece com o vapor de água nas altas camadas da atmosfera?

3. O que ocorre com as gotinhas de água das nuvens?

4. O que acontece com a água da chuva que chega à terra?

5. Como se chama a contínua transformação da água?

6. Assinale as afirmações verdadeiras.

   a) ☐ Quanto mais calor, maior é a evaporação.
   b) ☐ Não é a energia do Sol que faz a água evaporar.
   c) ☐ A água que cai das nuvens evapora e torna a formar as nuvens.
   d) ☐ O Sol é responsável pela evaporação.
   e) ☐ Parte da chuva que cai penetra no solo.
   f) ☐ Com o frio há muita evaporação.

REFORÇO 3

O ar

Onde está o ar

Uma camada de ar chamada atmosfera envolve nosso planeta.

O ar é invisível, porém percebemos a sua existência:

- quando abrimos a janela da classe e vemos a cortina se mover;
- balançando as roupas do varal;
- movendo as folhas das árvores;
- movimentando os barcos nas águas;
- fazendo girar os moinhos e os cata-ventos.

GDVCOM

MAJECZKA

KASIAP

PHOTOSCOM

PHOTOSCOM

PHOTOSCOM

EXPERIÊNCIA

Vamos fazer algumas experiências para observar a existência do ar.

1ª experiência

Material: vasilha grande com água e um copo vazio.

- Mergulhe o copo devagar e sem virar, com a boca para baixo, na vasilha com água.
- Observe o que acontece.

Agora, complete a frase.

A água ______________ no copo porque ele estava cheio de ar.

2ª experiência

Material: O mesmo da primeira experiência.

- Mergulhe o copo na água com a boca para baixo, porém inclinando-o.
- Veja o que acontece.

Agora, complete a frase.

A água ______________ no copo e o ar saiu em forma de bolhas.

3ª experiência

Material: uma bola de futebol.

- Tire o pino da bola.
- Veja o que acontece.

Agora, complete a frase.

A bola ______________ porque o ar ______________ de dentro dela.

Composição do ar

Você já sabe que existe uma camada de ar envolvendo o nosso planeta: a atmosfera.

Sem a atmosfera não haveria vida na Terra.

Os seres humanos, os outros animais e as plantas necessitam do ar para viver.

Nossa saúde depende da qualidade do ar. Numerosas doenças infecciosas são transmitidas pelo ar.

Vamos estudar agora como é esse ar.

O ar é uma mistura de vários gases. Por exemplo, gás carbônico, oxigênio, hidrogênio, nitrogênio etc. O ar contém ainda vapor de água e poeiras.

O **oxigênio** é fundamental para a vida dos seres humanos, dos outros animais e também das plantas.

O **gás carbônico** é utilizado pelas plantas para a produção do próprio alimento.

O ar é incolor. Mas a atmosfera dispersa a radiação azul do Sol. Por isso, o céu é azul.

JUPITER IMAGES

ATIVIDADES...

1. Como se chama a camada de ar que envolve a Terra?

2. Complete a frase.

A bola encheu porque o ar
novamente nela.

3. Assinale **V** se for verdadeiro e **F** se for falso.

☐ Podemos ver o ar.

☐ Não podemos viver sem ar.

4. Os ônibus, os automóveis, os caminhões e as chaminés das fábricas lançam gases e partículas no ar. Ou seja, poluem o ar. Onde a poluição do ar é maior: no campo ou nas cidades? Por quê?

5. As figuras mostram alguns usos que fazemos do ar.

Que usos são esses?

6. De que é formado o ar?

7. O que é oxigênio?

8. O ar também está onde a menina solta a sua pipa? Justifique sua resposta.

PIOTR WAWRZYNIUK

9. A gripe é uma doença contagiosa, isto é, que passa de uma pessoa para outra. Ela é causada por micróbios que estão nas pessoas doentes e no ar.
Assinale em qual ambiente esses micróbios existem em maior quantidade.

- ☐ Em lugares fechados, como um ônibus, com muitas pessoas próximas umas das outras.
- ☐ Em lugares abertos, como um parque, onde as pessoas estão espalhadas.
- ☐ Nos hospitais, onde estão muitas pessoas doentes.

Pressão do ar

O ar ocupa espaço e tem peso. O ar exerce essa força de pressão sobre tudo o que está na atmosfera. A pressão do ar recebe o nome de pressão atmosférica.

A pressão atmosférica é exercida em todas as direções:

- de cima para baixo;
- de baixo para cima;
- dos lados etc.

Veja como representamos a pressão do ar sobre uma bola.

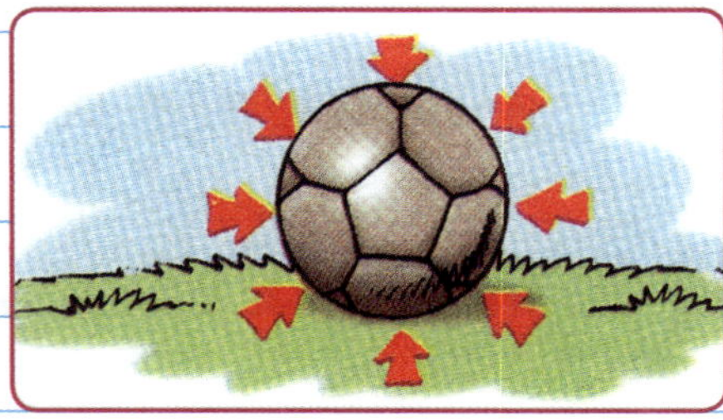

EXPERIÊNCIA

Vamos fazer algumas experiências para comprovar isso.

1ª experiência

Material: um copo com água até a boca, uma folha de papel, um livro.

- Coloque a folha de papel sobre o copo e o livro em cima.

- Segure o livro com uma das mãos e o copo com a outra.
- Vire o copo de boca para baixo.
- Puxe o copo para cima.
- Observe o que acontece.

Agora, complete a frase.

A água ______________ do copo porque o ar exerceu pressão de baixo para cima contra o papel.

2ª experiência

Material: copo com água e canudinho transparente de refresco.

- Coloque o canudinho no copo.
- Observe que a água continua no mesmo nível, dentro e fora do canudinho.
- Sugue o ar do canudinho devagar.
- Verifique o que aconteceu.

Agora, complete a frase.

Ao sugar o ar do canudinho, diminuímos a pressão dentro dele.

Por isso, o líquido ______________________.

3ª experiência

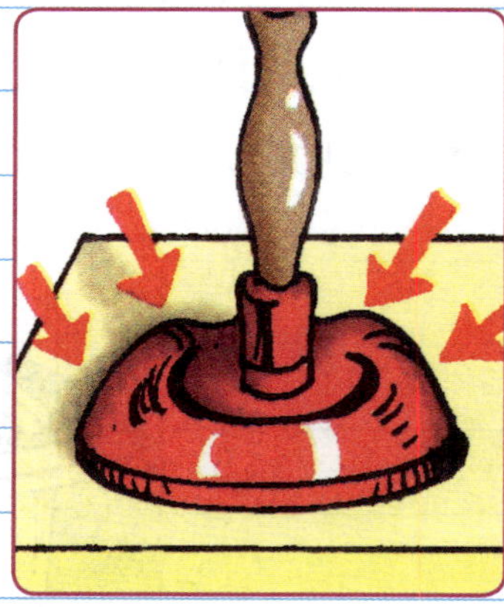

Material: um desentupidor de pia.

- Aperte o desentupidor contra a superfície lisa da pia.
- Observe que o desentupidor fica grudado.

Agora, complete a frase.

Ficou menos ar do lado de dentro do desentupidor. Então, o desentupidor recebeu ______________________ pressão de cima para baixo e ficou grudado.

A caneta esferográfica tem um furinho para que a pressão atmosférica se iguale à pressão no interior da caneta. Sem o furo, a pressão seria menor dentro da caneta e ela não funcionaria.

Umidade do ar

Na atmosfera existe vapor de água.

A quantidade de vapor de água existente na atmosfera é a umidade do ar. A umidade varia de um lugar para outro.

Os higrômetros são aparelhos que medem a umidade do ar. Há vários tipos de higrômetro e um deles é o higrômetro de cabelo.

O higrômetro de cabelo usa a capacidade do fio de cabelo de absorver e perder a umidade, aumentando e diminuindo de comprimento.

No aparelho, um ponteiro marca quanto o fio aumentou ou diminuiu. Assim sabemos quanta umidade existe no ar.

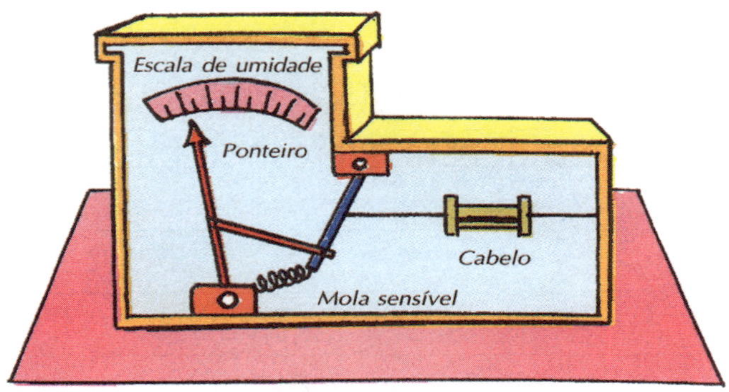

O sal de cozinha também absorve a umidade do ar.

Saiba que

Existem épocas do ano em que a umidade do ar é menor porque chove pouco.

Depois de um dia de chuva a umidade do ar aumenta.

Épocas frias, com baixa umidade do ar, secam o nariz e a garganta.

Por essa razão, quando a umidade do ar está baixa, os médicos recomendam dormir com uma bacia de água no quarto. Ou então, colocar uma toalha molhada sobre uma cadeira. Com a evaporação da água, a umidade do ar aumenta dentro do quarto.

ATIVIDADES...

1. Complete as frases.

a) O ar ocupa ______________ e tem ______________.

b) O ar exerce ______________ sobre tudo que há na Terra.

c) A pressão do ar é exercida em todas as ______________.

2. Que nome recebe a pressão do ar?

3. Um desentupidor foi pressionado contra a parede e ficou grudado. Onde o ar está exercendo pressão?

4. Assinale com **x** as afirmações verdadeiras.

- [ ] O ar ocupa espaço.
- [ ] O ar não tem peso.
- [ ] A pressão do ar é exercida só de cima para baixo.
- [ ] O ar tem peso e ocupa espaço.
- [ ] O ar exerce pressão em todos os sentidos.

5. Explique com suas palavras por que o refrigerante sobe pelo canudinho quando você suga.

6. O que torna o ar úmido?

REFORÇO 4

O ar em movimento

Os ventos

Quando abrimos a porta sentimos uma corrente de ar. Entra ar frio e sai ar quente.

Observe na ilustração que o ar frio entra pela parte de baixo da sala e o ar quente sai pela parte de cima. Ou seja, o ar aquecido no interior da sala subiu.

Em nosso planeta acontece um movimento do ar parecido com esse. Veja como acontece.

- O Sol aquece o ar, este fica mais leve e sobe.
- Lá em cima o ar fica mais frio e mais pesado e desce.
- O ar quente subindo e o ar frio descendo formam o **vento**.

O ar também se desloca de um lugar de alta pressão atmosférica para outro de baixa pressão.

Esse movimento do ar é o vento.

O **vento** é o ar em movimento.

Ele não sopra sempre com a mesma força. Às vezes é fraco, outras vezes é forte ou até violento.

O vento fraco e agradável chama-se **brisa**. Ele balança com suavidade as folhas das árvores.

Um vento mais forte chama-se **ventania**. Pode derrubar árvores, destelhar casas e causar muitos estragos.

Ventos extremamente fortes são **furacões** e **tornados**. Eles causam enorme destruição por onde passam.

LIQUID LIBRARY

Faça de conta que o vento sopra.

LIQUID LIBRARY

Se sopra forte é ventania.

PHOTOSCOM

Se sopra fraco é brisa.

LIQUID LIBRARY

PHOTOSCOM

Tornado e furacão são ventos muito fortes.

PHOTOSCOM

O vento forma as ondas do mar.

O vento não sopra sempre na mesma direção.

Às vezes sopra do sul para o norte. Outras vezes sopra do leste para o oeste.

ATIVIDADES...

1. O ar à nossa volta raramente está parado. Responda:

a) Por que as folhas das árvores balançam, a fumaça das chaminés é levada para longe ou as nuvens se movem no céu?

b) O que é o vento?

c) Complete as frases.
Um vento fraco e agradável chama-se ________________.
Um vento mais forte chama-se ________________.
Um vento extremamente forte chama-se ________________.

2. Observe a ilustração e complete.

O ar que sobe é ________________.
O ar que desce é ________________.

3. Escreva **V** se for verdadeiro e **F** se for falso.

- [ ] O vento sopra sempre na mesma direção.
- [ ] O vento não sopra sempre com a mesma força.
- [ ] Brisa é o vento fraco e agradável.
- [ ] Furacões são ventos fracos.
- [ ] Vento é o ar em movimento.
- [ ] O Sol aquecendo o ar, este fica mais leve e sobe.

A importância dos ventos

Os ventos têm grande importância em nossa vida. Eles podem tanto nos ajudar, como nos prejudicar.

Vejamos a seguir alguns desses casos.

Os ventos nos ajudam quando:

- movimentam os barcos à vela;
- giram cata-ventos que bombeiam água;
- secam roupas nos varais;
- transportam sementes, que germinam em outro lugar;
- dispersam a fumaça e o ar poluído;
- atuam no ciclo da água, facilitando a evaporação.
- deslocam as nuvens de um lugar para o outro;
- interferem diretamente no clima do planeta.

Furacões causam grande destruição:

- espalham os incêndios nas matas;
- carregam poeira e lixo;
- derrubam casas, postes, árvores, torres, linhas de energia etc.;
- viram e afundam barcos;
- derrubam aviões.

ATIVIDADES...

1. Descreva pelo menos três situações em que o vento nos ajuda.

2. Descreva pelo menos três situações em que o vento nos prejudica.

3. Identifique, nas ilustrações abaixo, o tipo de atuação do vento. Indique em cada caso se ele nos ajuda ou nos prejudica.

Medindo o vento

O vento pode soprar em qualquer direção. Muitas vezes, precisamos conhecer que direção é essa.

O cata-vento e a biruta indicam a direção dos ventos.

O **cata-vento** pode ser uma flecha que gira sobre um eixo vertical. Fica colocado no ponto mais alto de alguns edifícios.

A **biruta** é usada nas pistas de decolagem de pequenos aviões para os pilotos saberem a direção do vento e decidirem em qual direção vão pousar ou decolar. Geralmente eles decolam contra o vento.

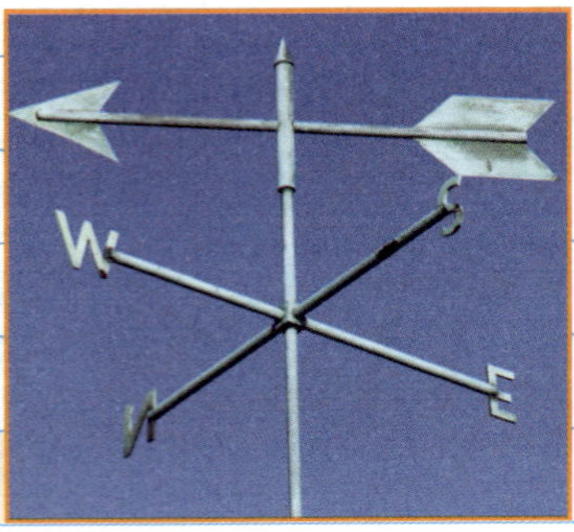

STEPHEN REES

Cata-vento

MAKUSHIN ALEXEY

Biruta

Em geral, a biruta é de tecido e tem a forma de um cone aberto também na extremidade menor. O vento enche a biruta, que sempre vira na direção em que ele sopra.

A velocidade do vento pode ser medida pelo **anemômetro**. Esse aparelho tem quatro conchas ligadas, que giram impulsionadas pelo vento. Ao girar, as conchas movem um ponteiro que indica a velocidade do vento.

THAIS FALCÃO/OLHAR IMAGENS

Anemômetro.

Saiba que

- Os aviões aterrissam e decolam contra o vento.
- Grandes cata-ventos montados em torres metálicas giram com a energia do vento e puxam água de poços ou geram eletricidade.
- A energia do vento é chamada eólica.

ATIVIDADES...

1. Faça um cata-vento de cartolina, como mostrado abaixo.
   - Pegue uma folha de cartolina ou papel colorido e corte um quadrado.
   - Marque traços como no desenho indicado e corte até um certo ponto.

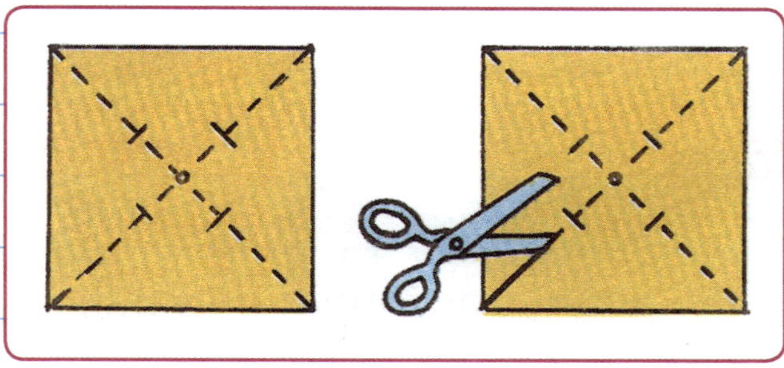

   - Dobre uma parte sim e uma parte não.
   - Prenda as partes com um alfinete em um pauzinho.

Está pronto o cata-vento.

2. Fabrique um barco à vela de isopor. Faça a vela de cartolina e o mastro com um palito longo. Coloque esse barquinho em uma piscina e veja o resultado.

3. O que indicam os instrumentos?

a) Higrômetro: avalia o grau de ______.

b) Cata-vento e biruta: indicam a ______.

c) Anemômetro: indica a ______.

4. Em qual direção os aviões aterrissam e decolam?

5. Complete as frases.

a) O vento ______ as roupas do varal.

b) O vento muito forte é um ______.

c) O aparelho que mede a velocidade do vento é o ______.

d) O ar em ______ é o vento.

e) Quando tem ______ um incêndio espalha depressa.

f) A ______ indica a ______ do ______.

6. Assinale **V** ou **F**.

- [ ] O vento move barcos à vela.
- [ ] A evaporação da água diminui quando venta.
- [ ] O vento transporta nuvens de um lugar para outro.
- [ ] Muitas sementes são espalhadas pelo vento.
- [ ] Quando venta a poluição aumenta.

7. Escreva uma frase sobre os furacões.

REFORÇO 5

O solo

Como é o solo

A camada externa, sólida, do nosso planeta chama-se **crosta**. Ela forma uma espécie de "casca" ao redor da Terra.

A crosta é formada por rochas. Na superfície da crosta, há rochas quebradas em pedaços pequenos: é o **solo**. Abaixo do solo temos o **subsolo**.

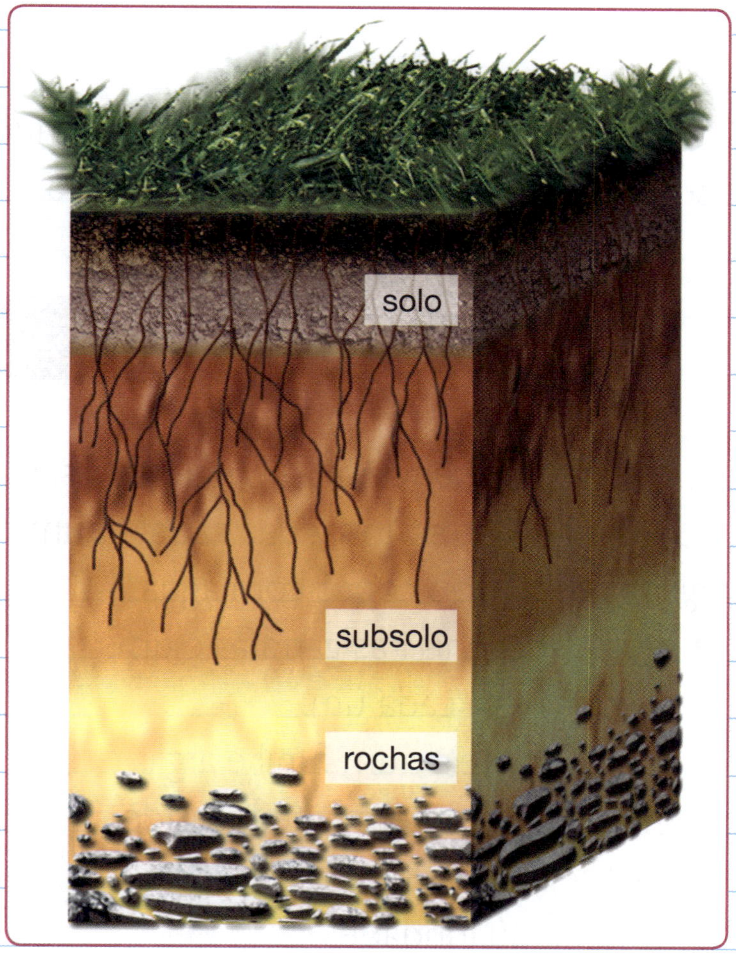

Abaixo do subsolo, bem fundo, há uma **rocha** inteira.

Nós, os outros animais e as plantas vivemos na superfície da crosta (solo).

Muitos animais e outros seres vivos passam a vida dentro do solo.

O solo fértil é uma mistura de argila, areia e restos decompostos de animais e vegetais. Esses restos de animais e vegetais formam o húmus de cor escura e rico em minerais.

Abaixo do solo fica o subsolo onde há rochas que vão se partindo em pedaços cada vez menores.

Tipos de solo

O solo **arenoso** contém muita areia e por isso não retém água, deixando-a passar com facilidade.

Os solos arenosos são **permeáveis**.

O solo **argiloso** contém muita argila e por isso segura mais água; fica encharcado e forma barro.

Os solos argilosos são **impermeáveis**.

O solo **humífero** contém húmus, sendo por isso escuro (preto) e ótimo para a agricultura.

EXPERIÊNCIA

Faça a experiência abaixo para analisar o solo.

Material: dois funis, duas garrafas, um pouco de areia e um pouco de argila (barro), dois copos com água.

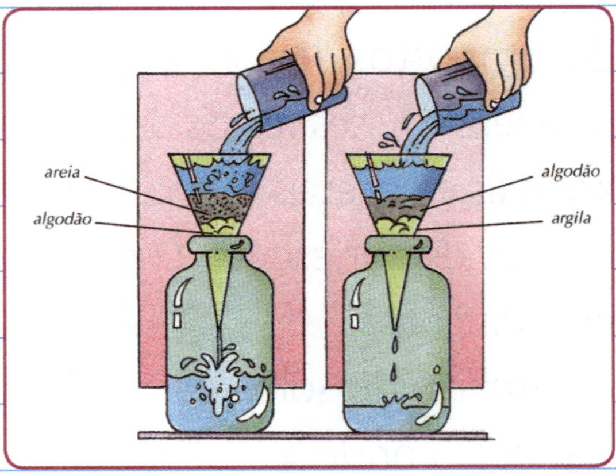

- Ponha os funis nas garrafas e um algodão em cada um.
- Coloque areia num funil e argila no outro, na mesma quantidade.
- Despeje água em cada funil, na mesma quantidade.
- Observe o resultado.

Complete a frase.

A água passa pela ______________________ com facilidade. Mas não passa facilmente pela ______________________.

ATIVIDADES...

1. O que é crosta terrestre?

2. O que é solo?

3. Em que camada da terra vivemos nós, os outros animais e as plantas?

4. De que é formado o solo?

5. O que fica abaixo do solo? O que há nele?

6. Quais são os tipos de solo?

7. Quais elementos devem entrar na composição do solo fértil?

8. Qual é a classificação do solo que:

   a) não deixa a água penetrar com facilidade: .

   b) deixa a água penetrar com facilidade: .

9. Depois de uma chuva, qual tipo de solo demora para secar?

10. Coloque **V** se for verdadeiro e **F** se for falso.

- [ ] O solo permeável deixa a água penetrar com facilidade.
- [ ] A areia é um tipo de solo impermeável.
- [ ] A argila é um tipo de solo impermeável.
- [ ] A crosta terrestre é formada só de solos permeáveis.
- [ ] Vivemos na parte do solo da Terra.

11. Complete as frases.

a) O solo impermeável é ______.

b) Abaixo do subsolo ficam as ______.

c) A camada externa da Terra é a ______.

d) Restos decompostos de animais ou vegetais formam o ______.

e) Arenoso é um tipo de solo ______.

f) Camada que fica abaixo do solo: ______.

12. Observe a foto e responda.

PHOTOSCOM

Que tipo de solo a pessoa está preparando para o plantio? Justifique sua resposta.

REFORÇO 6

O mundo das plantas

Onde vivem as plantas

As plantas são seres vivos. Elas nascem, crescem, se reproduzem e morrem.

Muitas plantas vivem no solo. Elas são **terrestres**.

JOHN FOXX

Terrestres

Existem plantas **aquáticas**. Elas vivem na água.

DUDU CAVALCANTI/ KEYDISC

Aquáticas

As plantas **aéreas** vivem sobre o tronco de outras plantas.

FABIO COLOMBINI

Aéreas

As plantas parasitas vivem sobre outras plantas e delas retiram os alimentos de que precisam para viver.

As plantas estão adaptadas ao ambiente em que vivem. Há plantas de lugares quentes e úmidos como as das florestas, plantas de locais frios e plantas do deserto.

AND INC

Plantas de região úmida.

ZYANKARLO

Plantas de região fria.

VLADIMIR GRAMAGIN

Plantas de deserto.

Plantas nativas são aquelas originárias de determinada região da Terra. Por exemplo, a batata é nativa dos Andes, na América do Sul.

O cafeeiro é nativo da Arábia.

A cana-de-açúcar é nativa da Índia.

ATIVIDADES...

1. O que são plantas?

2. O que são plantas nativas?

3. Como se chamam as plantas que vivem na água?

4. Qualquer planta vive em locais quentes, frios ou secos?

5. Onde vivem a plantas aéreas?

6. Onde vivem as plantas parasitas e do que se alimentam?

7. Do que as plantas necessitam para se desenvolver?

8. É preciso regar as plantas? Por quê?

9. Você cultiva plantas em sua casa? Quais?

As necessidades das plantas

Para a semente germinar é preciso que ela umedeça.

Depois que a semente germina, a planta necessita de certas condições para se desenvolver:

- terra fértil, com húmus;
- espaço suficiente para as raízes e os galhos crescerem;
- água e sais minerais;
- ar;
- luz.

EXPERIÊNCIA

Vamos fazer três experiências para comprovar as necessidades da planta.

1ª experiência

Material: dois vasos iguais, com plantas de caule delicado e do mesmo tipo.

- Regue com água diariamente um dos vasos.
- O outro vaso não deve ser regado, isto é, ficará sem receber água.
- Observe depois de alguns dias qual das plantas murchou.

Complete as frases.

A planta que não foi regada _______________.

As plantas necessitam de _______________ para viver.

2ª experiência

Material: dois vasos com pequenas plantas da mesma espécie, plantadas no mesmo tipo de terra; uma caixa de papelão sem aberturas para entrada de luz. Se houver aberturas, forre a caixa por dentro com papel preto.

- Cubra um dos vasos com a caixa de papelão.
- Regue os dois vasos normalmente.

Observe o que aconteceu e complete a frase.

As plantas necessitam da ______________ para se manterem vivas.

3ª experiência

Material: vaso com planta nova e viçosa; vaselina ou alguma outra substância gordurosa.

- Cubra os dois lados de algumas folhas com a vaselina.
- Examine diariamente as folhas.

Complete a frase.

As folhas com vaselina morrem porque as plantas necessitam de ______________ para viver.

REFORÇO 7

As partes das plantas

Raiz

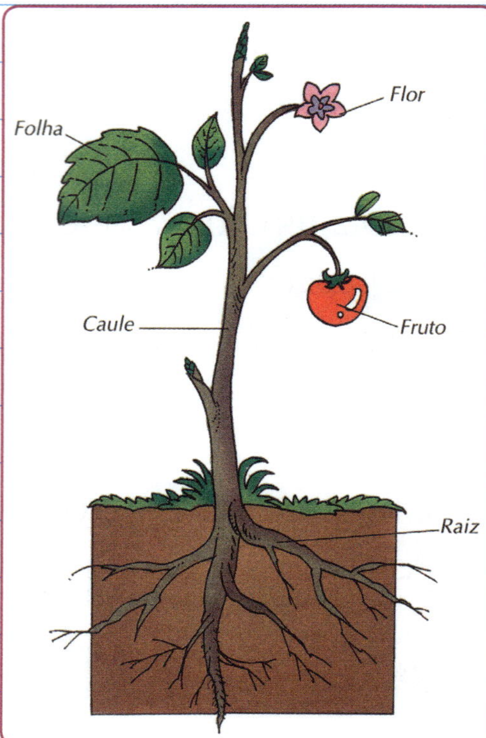

As partes de uma planta são raiz, caule, folhas, flores e frutos.

A raiz, o caule e as folhas são as partes da planta que a mantêm viva.

As flores e os frutos são as partes encarregadas da reprodução das plantas.

Nos frutos estão as sementes que germinam e formam uma nova planta.

A raiz tem várias funções:

- fixar a planta no solo;
- retirar do solo água e sais minerais, que formam a seiva bruta;
- conduzir a seiva bruta até o caule.

Certas raízes acumulam substâncias de reserva. Exemplos: mandioca, batata-doce, cenoura, rabanete, nabo, beterraba etc.

Cenoura.

Beterraba.

PHOTOSOBJECTS

A maioria das raízes cresce dentro do solo. São raízes terrestres.

Há raízes que crescem na água. São aquáticas. Há ainda raízes escoras que ajudam a sustentar a planta.

Essas raízes ajudam a sustentar a planta no solo.

Utilizamos muitas raízes em nossa alimentação, na indústria e na medicina.

- Da beterraba pode-se extrair açúcar.
- Da mandioca extrai-se o amido (polvilho).

As raízes absorvem sais minerais dissolvidos na água. Essa mistura é a seiva bruta.

Nas plantas terrestres as raízes retiram seiva bruta do solo.

Nas plantas aquáticas as raízes extraem seiva bruta da água quando são flutuantes e do solo quando as raízes estão fixas no fundo do rio.

A seiva bruta é levada por vasos condutores até as folhas.

Nas folhas forma-se a seiva elaborada, que é distribuída para todas as partes da planta.

ATIVIDADES...

1. Quais são as partes de uma planta?

2. Quais são as partes da planta que a mantêm viva?

3. Quais são as partes encarregadas da reprodução da planta?

4. Assinale as afirmações corretas.

a) ☐ A raiz é o órgão de nutrição do vegetal.
b) ☐ As folhas e os frutos ficam na raiz.
c) ☐ A raiz fixa a planta no solo.
d) ☐ As plantas aquáticas têm as raízes suspensas no ar.
e) ☐ A raiz retira do solo água e sais minerais.
f) ☐ Da mandioca pode-se extrair o amido.
g) ☐ O açúcar é retirado da beterraba.

5. Dê exemplos de raízes que acumulam substâncias e que servem de alimento ao ser humano e aos outros animais.

6. De onde as plantas aquáticas retiram sais minerais?

Caule

Em geral, o caule se encontra acima do solo. Suas funções são:

- dar sustentação aos ramos, às folhas, às flores e aos frutos;
- conduzir a seiva bruta e a seiva elaborada.

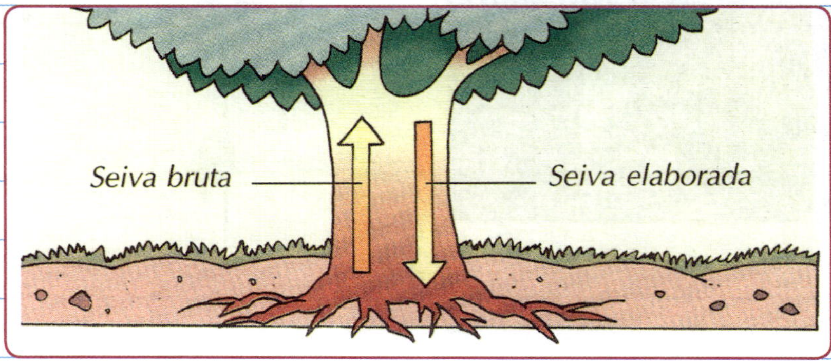

A **seiva bruta** é formada pela água com sais minerais nela dissolvidos. Essa seiva desloca-se da raiz para as folhas.

A **seiva elaborada** é produzida nas folhas. Ela é formada por água e glicose. A seiva elaborada desce pelo caule e chega até a raiz.

EXPERIÊNCIA

Material: copo de vidro; corante; flor branca com caule fino (haste).

- Coloque água no copo até a metade.
- Dissolva na água um pouco de corante.
- Mergulhe o caule da flor no copo.

No dia seguinte, corte o caule e observe como ele ficou por dentro.

Complete a frase.

A água colorida penetrou pelo ____________ e subiu até a flor.

O experimento mostra que o caule conduz ____________.

Troncos são caules grossos como o das árvores.
Hastes são caules finos como o das flores etc.

Troncos.

Hastes.

JUPITER IMAGES

Os caules são usados na **alimentação**:

- **humana**: palmito, cana-de-açúcar, cebola etc.

Cebolinha.

Rabanete.

JUPITER IMAGES

- **dos animais**: feno, cana, grama, capim etc.

Vaca comendo capim.

JUPITER IMAGES

- **na indústria**: fibras têxteis, substâncias químicas, madeiras etc.

JAG_CZ
Bambu.

JUPITER IMAGES
Madeira.

ATIVIDADES...

1. Quais são as funções do caule?

2. O que é seiva bruta?

3. O que é seiva elaborada?

4. De que é formada a seiva bruta?

5. De que é formada a seiva elaborada?

6. Em que os caules são utilizados?

7. Como se chamam:
   a) caules grossos como o das árvores?
   b) caules finos como o das flores?

Folha

Na parte inferior das folhas há pequenas aberturas por onde entram e saem oxigênio e gás carbônico.

O gás carbônico entra para a produção de glicose. Ao produzirem glicose as folhas usam gás carbônico e água da seiva bruta. A clorofila, pigmento que dá cor verde à planta, absorve energia solar para produzir glicose.

Durante a produção de glicose há formação de oxigênio, que sai das folhas.

As folhas absorvem oxigênio para a respiração. Na respiração que ocorre na planta há formação de gás carbônico, que sai pelas folhas.

Pelas aberturas das folhas sai vapor de água. Essa é a transpiração da planta.

Como as plantas perdem água pelas folhas, elas precisam ser sempre molhadas.

LIQUID LIBRARY

EXPERIÊNCIA

Vamos fazer uma experiência para comprovar a transpiração das plantas.

Material: vaso com uma planta e um saco plástico transparente.

- Escolha um galho com folhas e coloque nele o saco plástico.
- Amarre a boca do saco no galho.
- Coloque a planta ao ar livre.
- Regue a planta várias vezes ao dia.
- Observe o que se forma no saco plástico.

Complete a frase.

O saco plástico fica com ______________________ que se formam pelo vapor que sai das folhas durante a transpiração.

- Colecione folhas de vários formatos e tamanhos.
- Para secar as folhas, coloque-as entre folhas de jornal.
- Em uma folha de cartolina faça uma colagem com as folhas secas.
- No cartaz, escreva na cartolina uma frase sobre as folhas.

JUPITER IMAGES

ATIVIDADES...

1. Complete a frase.

   As plantas ______________________, isto é, eliminam o excesso de água na forma de ______________________.

2. Em que consiste a transpiração das plantas?

3. O que é clorofila?

4. O que as folhas usam para produzir glicose?

5. Que gás as folhas eliminam durante a produção de glicose?

6. As plantas usam oxigênio para a respiração. Por onde entra o oxigênio?

7. Que gases as plantas eliminam pelas folhas?

8. Que gases as plantas absorvem pelas folhas?

Flor e fruto

A flor é o órgão reprodutor da planta.
Observe na ilustração as partes de uma flor.

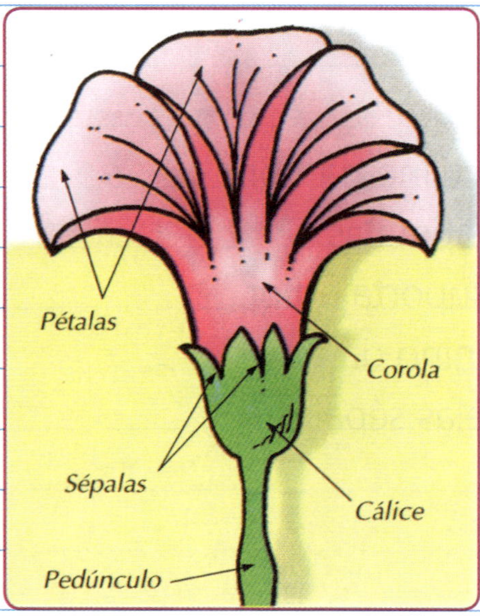

Pedúnculo: pequena haste que segura a flor.

Cálice: parte verde que envolve e protege a flor.

Sépalas: pequenas folhas verdes que formam o cálice.

Corola: conjunto de pétalas, geralmente coloridas.

Agora, vamos olhar uma flor mais de perto e estudar os órgãos de reprodução: o estame e o ovário.

Androceu: órgão reprodutor masculino da flor. É composto por um conjunto de anteras, onde se formam os grãos de **pólen**.

Gineceu: órgão de reprodução feminino da flor. É aí que se encontra o **ovário**, formador dos **óvulos**. Os óvulos são fecundados pelos grãos de pólen.

Os grãos de pólen são levados de uma flor para outra pelo vento, por insetos, pela água.

A fecundação acontece quando o núcleo do grão de pólen se une ao núcleo do óvulo.

O óvulo fecundado se desenvolve e forma a semente. O ovário, então, cresce e se transforma em fruto.

ATIVIDADES...

1. O que é a flor?

2. Faça a correspondência.

a	Pedúnculo	( )	Órgão masculino da flor.
b	Cálice	( )	Formada de pétalas.
c	Corola	( )	Haste que suporta a flor.
d	Estame	( )	Órgão feminino da flor.
e	Ovário	( )	Formado pelas sépalas.

3. O que são o androceu e o gineceu?

4. O que é:

a) o androceu?
b) o gineceu?

5. O que é fecundação?

6. Explique o que acontece após a fecundação.

7. Como o pólen é levado de uma flor para outra?

REFORÇO 8

Animais: como são e onde vivem

Como são os animais

MATT GIBSON

A onça come carne.

TYLER OLSON

Os seres humanos caminham e têm pelos. Eles são terrestres.

CALVSTE

Peixes nadam e têm escamas. Eles vivem na água.

SAM DCRUZ

A avestruz tem duas pernas.
Ela tem bico.

JOHN LINDSAY-SMITH

O elefante só come plantas.

EYE_BLINK

Cobras se arrastam, não têm patas.

Os animais são seres vivos: nascem, crescem, se reproduzem e morrem.

Durante a vida precisam do oxigênio do ar, da água e de alimento.

Os animais se diferenciam uns dos outros pelo modo de se locomover, pelos alimentos que comem e o modo como conseguem alimento, pela maneira como retiram oxigênio do ar, pela cobertura da pele, além do tamanho, número de pernas e tantas outras coisas.

O ser humano é o único animal racional. Ele tem inteligência, pensa e se comunica por meio da fala e da escrita. Além disso, ele vive em quase todos os ambientes, veste roupas, cria animais e cultiva plantas para comer e modifica os ambientes com seu trabalho.

Conforme as características dos animais, podemos agrupá-los em mamíferos, aves, anfíbios, répteis e peixes.

ATIVIDADES...

1. Por que os animais são considerados seres vivos?

2. De que os animais precisam para viver?

3. O que faz com que os animais se diferenciem uns dos outros?

4. Por que o ser humano é um animal racional?

5. Escreva exemplos de:

PHOTOSCOM

Mamíferos: ____________________

____

PHOTOSCOM

Aves: ____________________

____

PHOTOSCOM

Répteis: ____________________

____

PHOTOSCOM

Anfíbios: ____________________

____

PHOTOSCOM

Peixes: ____________________

____

Onde vivem os animais

Os animais vivem onde encontram alimento, abrigo, parceiros para a reprodução. Cada espécie está adaptada ao ambiente onde vive desde sua origem, no passado.

Nas florestas vive a maior variedade de espécies de animais.

Nas savanas africanas vivem o elefante, a zebra, o leão, o leopardo e muitos outros animais que estão adaptados a essa região da Terra. Nela encontram alimento, abrigo e parceiros para o acasalamento.

Nesse ambiente vive um grande número de animais que comem plantas. Eles são alimento para um número muito menor de animais caçadores.

DIANA AMSTER

O urso-polar vive no gelo dos ambientes próximos ao Polo Norte.

O camelo vive no deserto.

O urso-polar não sobrevive no deserto e nem o camelo sobrevive nas regiões geladas.

Existem animais que migram. As andorinhas voam para regiões mais quentes quando chega o inverno.

DARYA SHARYMOVA

IAKOV FILIMONOV

ATIVIDADES...

1. Dê exemplos de animais da floresta.

2. Faça a correspondência entre o animal e seu ambiente.

a) pinguim
b) urso-polar
c) leão
d) zebra
e) tubarão
f) baleia

( ) regiões geladas

( ) regiões da África

( ) oceano

3. Explique a frase: Ele parece um peixe fora da água.

4. Os seres humanos vivem em quase todos os ambientes. Como eles conseguem fazer isso e os outros animais não conseguem?

5. Bandos de leões vivem na savana. Eles caçam zebras, antílopes e outros herbívoros da região. Esses animais poderiam sobreviver em outro ambiente? Justifique sua resposta.

6. Em seu caderno, escreva o nome do animal, o grupo ao qual ele pertence e o ambiente em que vive.

Animal	Grupo de animais ao qual pertence	Ambiente em que vive
sabiá		
tubarão		
sapo		
cavalo		
cobra		

REFORÇO

9 Animais: alimentação, locomoção e respiração

Alimentação

Há animais que comem outros animais.
Há animais que só comem plantas.
E há ainda outros animais que comem animais e plantas.

PHOTOSCOM

Panda comendo bambu.

LIQUID LIBRARY

Urso capturando peixe.

PHOTOSCOM

Onças-pintadas se alimentando de carne animal.

Carnívoros: são os animais que comem principalmente carne. Eles são animais caçadores, como o lobo, a águia, a cobra e o tigre.

Herbívoros: são os animais que comem plantas, como a zebra, a girafa, o boi, o cavalo, a cabra, o coelho.

Onívoros: são os animais que comem plantas e outros animais. O porco, o urso e o ser humano são animais onívoros.

As plantas não comem. Elas produzem seu próprio alimento.

Os animais não produzem alimento. Eles precisam se alimentar de vegetais ou de outros animais.

Observe a ilustração.

O leão come a zebra, que come o capim.

Essa é uma cadeia alimentar. As setas indicam quem é alimento para quem.

As cadeias alimentares são escritas da seguinte maneira:

planta ⟶ zebra ⟶ leão

ATIVIDADES...

1. Complete as frases.

a) O leão come carne. O leão é ______.
b) O coelho come ervas. O coelho é ______.
c) O menino come de tudo. O menino é ______.
d) Chamo-me boi. Como capim. Sou um animal ______.
e) Chamo-me porco. Como de tudo. Sou um animal ______.
f) Chamo-me raposa. Como carne. Sou um animal ______.

2. Represente a cadeia alimentar descrita por cada frase.
Veja este exemplo.

> A águia come a ave que come os insetos que comem plantas.
>
> Plantas ⟶ insetos ⟶ ave ⟶ águia

a) A raposa come coelhos que comem os vegetais.

b) O leão come a girafa que come a grama.

3. Escreva duas cadeias alimentares das quais você faz parte.

Locomoção e respiração

Locomoção é a ação de ir de um lugar para o outro. Os animais se locomovem para procurar alimento, para se defender, para se acasalar, para cuidar dos filhotes.

Há animais que voam, outros nadam, correm, rastejam, saltam etc.

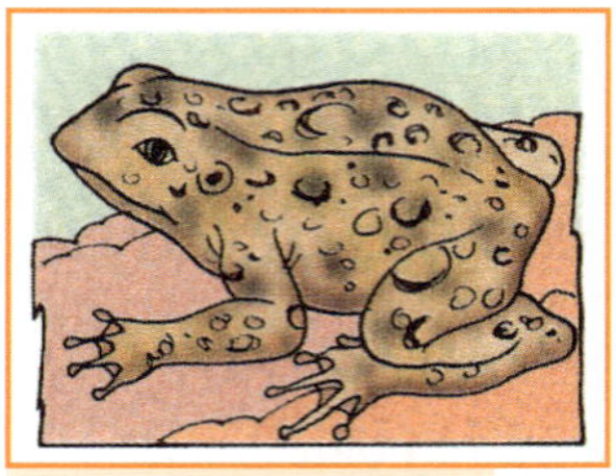

O sapo salta.

O jacaré rasteja.

O cachorro anda.

A baleia nada.

Respiração é uma reação química entre a glicose e o oxigênio para liberar energia.

Os animais terrestres retiram oxigênio do ar.

A maioria dos animais aquáticos retira oxigênio que está na água.

Nos mamíferos, aves e répteis o oxigênio entra pelos pulmões.

Nos peixes o oxigênio entra pelas brânquias.

Nos anfíbios (rãs e sapos) o oxigênio entra pelas brânquias enquanto são larvas; pelos pulmões e através da pele quando adultos.

ATIVIDADES...

1. Para que os animais se locomovem?

2. Por onde entra o oxigênio nos mamíferos, nas aves e nos répteis?

3. E os peixes, por onde absorvem oxigênio?

4. Como o oxigênio entra nas rãs e nos sapos?

quando filhotes: ______________ .
quando adultos: ______________ .

5. Complete a frase.

O ______________ se locomove pela ação dos músculos.

6. Associe o animal com os membros locomotores.

a) tubarão
b) baleia
c) gato
d) sapo
e) cobra
f) pardal
g) tartaruga
h) cavalo

[ ] nadadeiras
[ ] asas
[ ] pernas
[ ] sem membros locomotores

REFORÇO 10

Animais: reprodução e relações com os seres humanos

Reprodução

Todos os seres vivos nascem, crescem e, por fim, morrem.

Durante a vida eles se reproduzem e geram outros seres da mesma espécie.

Geralmente, na reprodução participam um macho e uma fêmea para gerar filhotes.

De acordo com a maneira como o filhote se desenvolve, os animais podem ser classificados como vivíparos ou ovíparos.

Os animais **vivíparos** se desenvolvem dentro da barriga da mãe. Ao nascer, alimentam-se do leite materno, como acontece com o ser humano, o coelho, o gato e muitos outros animais.

O período em que o animal fica no ventre materno tem o nome de gestação ou gravidez.

Cada animal tem um período próprio de gestação. O da espécie humana é de 9 meses ou 270 dias, aproximadamente.

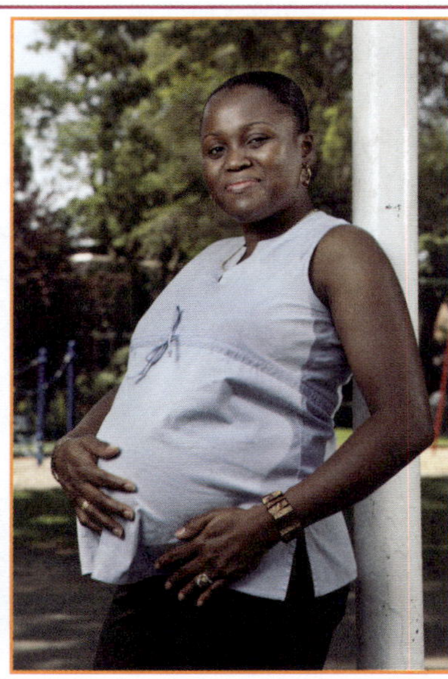

PAUL VASARHELYI

Os animais **ovíparos** são os que se desenvolvem dentro de ovos. São exemplos certos peixes, as aves, as tartarugas, as rãs.

Répteis e aves formam ovos dentro do corpo. Quando a fêmea bota os ovos começa o choco, ou seja, o aquecimento dos ovos. Em certas espécies de aves o choco é feito pelo macho e pela fêmea.

Nos anfíbios e peixes, em algumas espécies os ovos se formam na água.

Nos mamíferos os ovos se desenvolvem dentro da fêmea. E o filhote mama logo que nasce.

Relações entre o ser humano e os animais

Muitos animais são úteis para nós porque são alimento. Outros ajudam no transporte ou no trabalho. E há os que são de estimação.

Veja alguns animais que usamos como alimento. Alguns deles são criados, como o boi, a galinha e o porco. Outros, como os peixes e camarões, são capturados da natureza.

SHUTTERSTOCK

O cavalo, o camelo e o burro são animais que transportam pessoas e cargas.

O cão pode guardar a casa ou apenas nos oferecer carinho.

SHUTTERSTOCK

Os animais de criação precisam de muitos cuidados.

- Alimento e água;
- Vacinas;
- Abrigo.

ATIVIDADES...

1. O que são animais vivíparos?

2. O que são animais ovíparos?

3. Cite 3 exemplos de animais ovíparos.

4. Identifique os animais ovíparos e os vivíparos.

5. Do que se alimentam os filhotes dos mamíferos?

6. Existem animais que comem insetos que nos picam. Um desses animais é o sapo. Você acha que os sapos são úteis?

7. Cite três animais que nós comemos em nossas refeições.

8. Ajude a abelha a encontrar seu caminho para a colmeia e fazer o mel de que tanto gostamos.

JANA GUOTHOVA

9. Resolva a cruzadinha e descubra quais são os animais.

a) Serve de transporte
b) Fornece lã e carne
c) Inseto prejudicial
d) É o transporte do deserto
e) Fornece leite e carne
f) Vive na água
g) Alimenta-se de insetos

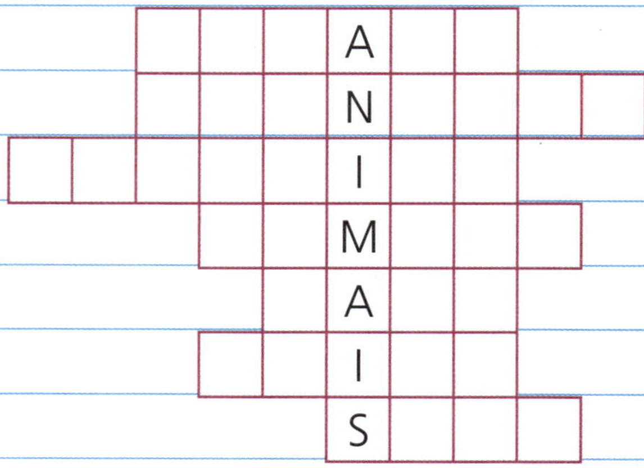

10. Faça um cartaz com os animais que são úteis. Use desenhos e recortes de jornais e revistas.
Afixe seu cartaz no mural da classe.

REFORÇO 11

Corpo humano: sistemas digestório e circulatório

Sistema digestório

Os alimentos que ingerimos passam por transformações para que possam ser aproveitados pelo nosso corpo. Essas transformações, que damos o nome de digestão, acontecem no sistema digestório.

O sistema digestório é formado pelos seguintes órgãos: boca, faringe, esôfago, estômago e intestinos.

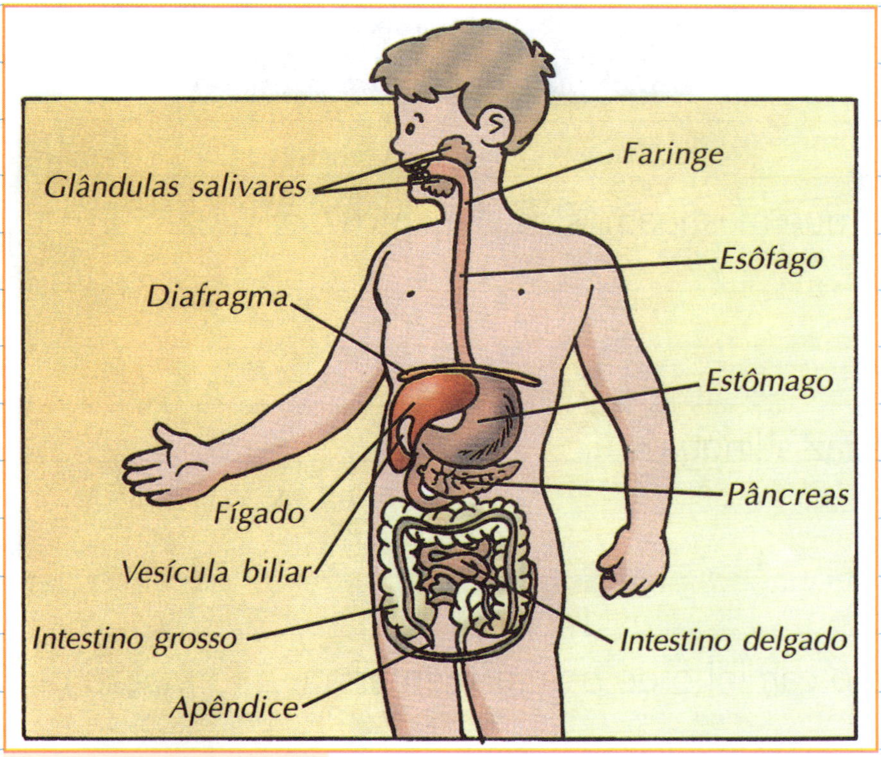

Sistema digestório.

Os alimentos entram na boca, onde são mastigados pelos dentes.

A língua mistura os alimentos com a saliva e forma-se o bolo alimentar que desce para a faringe quando engolimos.

Da faringe o alimento passa pelo esôfago até chegar ao estômago.

No estômago os alimentos se misturam com um líquido chamado suco gástrico, transformando-se em um pasta.

Essa pasta segue para o intestino delgado, onde recebe outros sucos digestivos: suco entérico, suco pancreático e bile. Então, os nutrientes passam para o sangue.

O que não foi digerido segue para o intestino grosso, onde há absorção de água e formam-se as fezes, que saem pelo ânus.

Junto ao tubo digestório existem órgãos anexos que ajudam na digestão: as glândulas salivares produzem a saliva, o fígado produz a bile, a vesícula biliar armazena a bile, o pâncreas produz o suco pancreático.

ATIVIDADES...

1. Com o que mastigamos os alimentos?

2. O que faz a língua?

3. Qual é o caminho do bolo alimentar até a formação das fezes?

4. Quais são os órgãos anexos do sistema digestório?

Sistema circulatório

O movimento do sangue em nosso corpo é a **circulação sanguínea**.
O coração e os vasos sanguíneos formam o **sistema circulatório**.
O coração é um órgão muscular oco, formado por músculos fortes.
O coração empurra o sangue para todas as partes do corpo.
Uma pessoa adulta tem cerca de seis litros de sangue circulando.
O sangue transporta para os rins as substâncias que são eliminadas.
Os rins filtram o sangue e formam a urina.

O sangue vermelho-vivo, carregado de oxigênio, é o **sangue arterial**.
O sangue vermelho-escuro, com gás carbônico, é o **sangue venoso**.

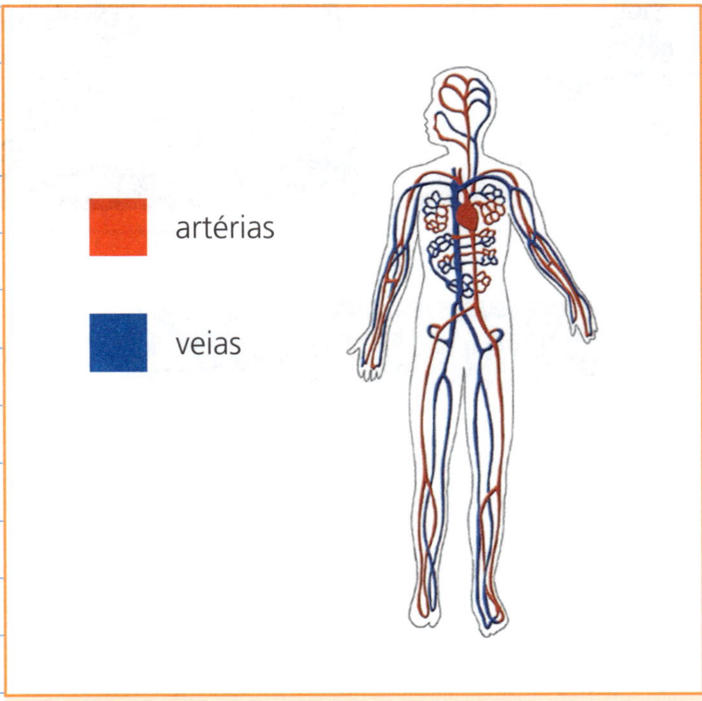

Principais veias e artérias que formam o nosso sistema circulatório.

As **artérias** levam o sangue do coração para as diversas partes do corpo.

As **veias** levam o sangue das diversas partes do corpo para o coração.

Para o sistema circulatório funcionar é preciso:

- Comer bem.
- Fazer exercícios físicos.
- Dormir oito horas por noite.
- Não se cansar demais.
- Evitar roupas apertadas que impedem a circulação.
- Evitar comidas gordurosas (frituras, por exemplo) que entopem veias e artérias.

ATIVIDADES...

1. O que é circulação?

2. Quais são os componentes do sistema circulatório?

3. Do que é formado o coração?

4. O que contém o sangue vermelho-vivo?

5. E o sangue vermelho-escuro?

6. Ligue as duas colunas.

• Artérias	• levam o sangue de diferentes partes do corpo para o coração.
• Sangue venoso	• sangue carregado de oxigênio.
• Veias	• sangue com muito gás carbônico.
• Sangue arterial	• levam o sangue do coração para diferentes partes do corpo.

7. Circule as ações que fazem bem para o coração:

ANDAR – COMER FRITURA – CORRER
USAR ROUPAS APERTADAS
REALIZAR VÁRIAS ATIVIDADES NO COMPUTADOR

8. Existem quatro tipos de sangue: A, B, AB, O. Consulte seus familiares e responda.

a) Qual é o seu tipo de sangue?
b) Qual é o tipo de sangue do seu pai?
c) Qual é o tipo de sangue da sua mãe?

REFORÇO 12

Corpo humano: sistemas respiratório e urinário

Sistema respiratório

Na inspiração o ar penetra em nosso corpo. Na expiração o ar sai do nosso corpo.

O ar que inspiramos entra pela boca e pelo nariz, passa pelas fossas nasais, faringe, laringe, traqueia, brônquios e pulmões.

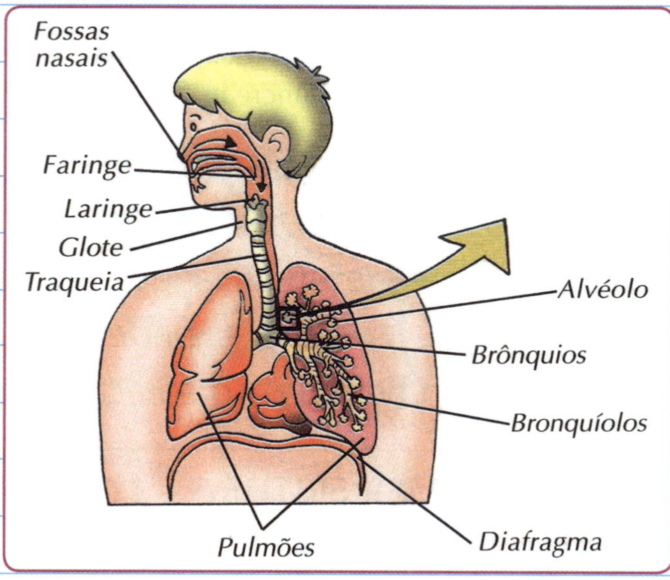

Nos pulmões o oxigênio passa para o sangue. Na expiração, o gás carbônico sai do sangue para os pulmões.

A faringe é uma via do alimento e do ar.

Os pulmões estão situados no tórax, sobre o diafragma, que é um músculo que ajuda na respiração.

Devemos sempre respirar pelo nariz, porque os pelos do nariz filtram o ar e no caminho o ar fica aquecido.

O ar poluído pelas fábricas e pelo cigarro prejudica os pulmões e os brônquios.

Sistema urinário

O **sistema urinário** é constituído pelos rins e pelas vias urinárias.

Os **rins** são órgãos em forma de feijão, localizados em cada lado da coluna vertebral, na região do umbigo. Eles filtram o sangue impedindo que substâncias prejudiciais à saúde fiquem no corpo.

A **urina** é formada por uma mistura de água, cloreto de sódio, amônia, ácido úrico, ureia e outros resíduos.

As **vias urinárias** são os ureteres, a bexiga e a uretra.

Os **ureteres** saem dos rins e chegam à bexiga.

A **bexiga** é uma bolsa que armazena a urina produzida pelos rins até o momento em que percebemos que ela tem de ser esvaziada e urinamos.

A **uretra** é o canal que conduz a urina da bexiga para fora do corpo.

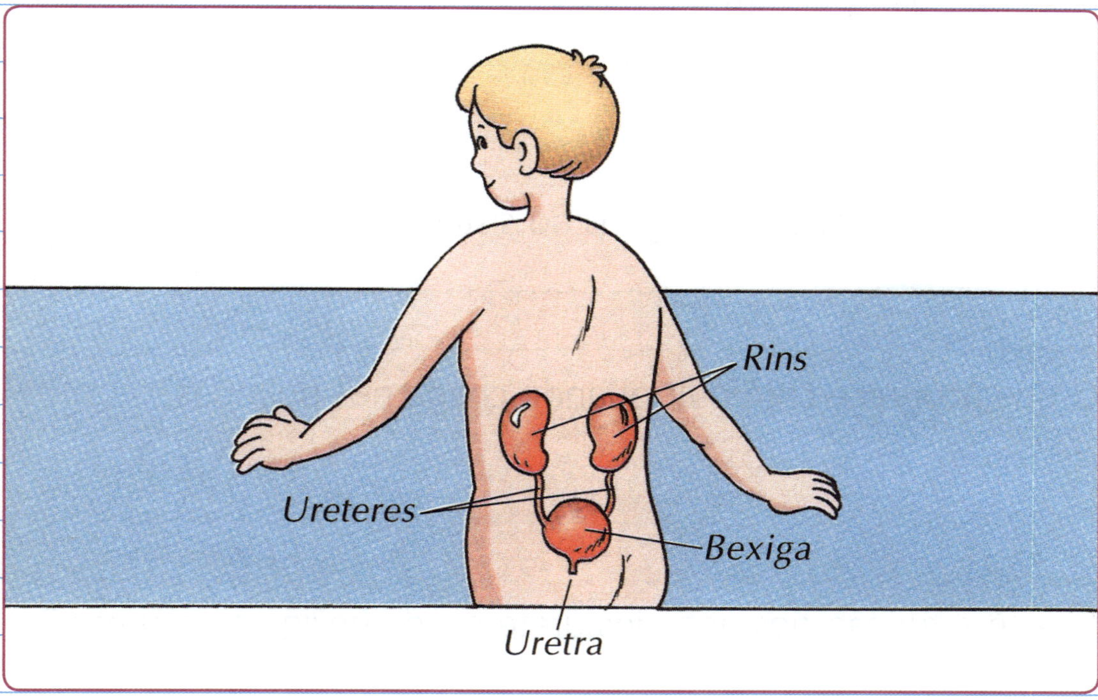

Devemos ter cuidado com o sistema urinário para manter a saúde.

Urinar sempre que tiver vontade, evitando reter a urina.

Evitar infecções urinárias, geralmente causadas por microrganismos das fezes. Para isso é preciso manter a higiene íntima.

ATIVIDADES...

1. Quais são os órgãos do sistema respiratório?

2. O que é inspiração?

3. Como se chama a saída do ar do nosso corpo?

4. Por onde o ar penetra em nosso corpo?

5. Quais são os principais órgãos do sistema respiratório?

6. O que acontece com o ar quando chega nos pulmões?

7. Qual é a função dos rins, dos ureteres, da bexiga e da uretra?

REFORÇO 13

Os alimentos

Tipos de alimento

Alimentos são substâncias que o nosso corpo utiliza para:

- crescer e se desenvolver;
- produzir a energia necessária para trabalhar;
- regular suas funções e proteger-se contra as doenças.

Os alimentos têm origem animal, vegetal e mineral. Eles são de três grupos: **construtores**, **energéticos** e **reguladores**.

Alimentos construtores

Fornecem proteínas que fazem o corpo crescer.

As **proteínas** encontram-se nos ovos, no leite e seus derivados, e nos cereais (feijão, ervilha, soja, milho etc.).

Alimentos energéticos

Esses alimentos fornecem energia ao organismo.

São as gorduras e os açúcares, como o amido e o açúcar refinado. Encontramos **gorduras** nas carnes, no leite, na manteiga, no queijo, na margarina, no abacate etc.

O **açúcar** é obtido da cana-de-açúcar, da beterraba, das frutas e dos cereais. E o **amido** é retirado dos cereais, da batata, da mandioca, do cará etc.

Alimentos reguladores

Ajudam a regular as funções do corpo, a fim de evitar as doenças. São os sais minerais e as vitaminas.

As **vitaminas** são encontradas nas verduras, nos legumes e nas frutas em geral.

Veja as quais são as principais vitaminas, suas funções no organismo e em que alimentos estão presentes.

Vitamina	Função	Fontes
A	É indispensável para a visão, auxilia o crescimento e aumenta a resistência contra doenças.	Leite, gema do ovo, queijo, manteiga, cenoura e alface.
B	Ajuda no crescimento e na formação do sangue, mantém saudáveis os olhos, os cabelos, as unhas e a pele.	Leite, gema do ovo, carne, peixe, legumes, cereais integrais, repolho, feijão
C	Combate infecções e aumenta a resistência contra doenças.	Laranja, limão, caju, acerola, tomate, legumes, batata, espinafre, pimentão.
D	Auxilia na formação dos ossos e dos dentes	Gorduras de origem vegetal e animal (óleos e manteiga)
K	Ajuda na cicatrização de ferimentos	Verduras cruas.

E obtemos os **sais minerais** da água, do sal de cozinha, do leite, das vísceras (fígado, rins), dos peixes, do amendoim, da couve etc.

- O leite é um dos melhores alimentos, pois contém quase todas as substâncias de que o nosso organismo necessita.
- Uma boa alimentação deve ser equilibrada, isto é, conter os três tipos de alimento: construtores, energéticos e reguladores.

ABLESTOCK

Higiene na alimentação

Alimentar-se bem não quer dizer comer muito e sim comer as substâncias necessárias para o organismo. Quem come muito, pouco ou mal, acaba desnutrido, fraco e doente.

A desnutrição impede ou retarda o crescimento e o desenvolvimento da criança.

Para que o nosso organismo aproveite bem os alimentos, devemos observar e praticar algumas normas simples:

- alimentar-nos nas horas certas;
- comer devagar e mastigar bem os alimentos;
- comer alimentos variados: verduras, legumes, frutas, leite, carnes, ou seja, de tudo um pouco;
- evitar alimentos muito temperados ou apimentados;
- só tomar água fervida ou filtrada;
- não abusar dos doces e refrigerantes.

Higiene dos alimentos

Também devemos observar a máxima higiene com os alimentos. Para isso, são necessários alguns cuidados com eles:

- deixá-los sempre em lugar fresco e arejado;
- mantê-los cobertos, para que fiquem protegidos das moscas e da poeira;
- só comer carnes bem cozidas, assadas ou fritas;
- lavar muito bem frutas e legumes antes de consumi-los;
- lavar as mãos antes das refeições, ao chegar da rua e depois de ir ao sanitário.

ATIVIDADES...

1. Os alimentos podem ser de qual origem?

2. Como estão classificados os alimentos?

3. Faça a correspondência.

1 Carne, leite, ovos.	( ) minerais.
2 Legumes, frutas, cereais.	( ) animais.
3 Sal de cozinha e água.	( ) vegetais.

4. O que fornecem os alimentos?

a) construtores: .
b) energéticos: .

5. Onde são encontradas as vitaminas?

6. Que tipo de vitamina contém cada alimento a seguir?

a) leite
b) peixe
c) manteiga
d) cenoura
e) gema do ovo
f) laranja
g) feijão
h) acerola
i) alface

7. Faça uma lista dos alimentos de cada tipo que você costuma comer.

Construtores	Energéticos	Reguladores

8. Coloque **V** se for verdadeiro e **F** se for falso.

☐ O leite é um dos melhores alimentos.
☐ Existe o alimento completo.
☐ Não lavar as mãos antes das refeições.
☐ Só tomar água filtrada ou fervida.
☐ Mastigar com a boca fechada.
☐ Não ter hora para se alimentar.
☐ Lavar as frutas e legumes antes de comê-los.
☐ Não escovar os dentes depois das refeições.
☐ Muito açúcar prejudica os dentes.

9. Observe a ilustração e responda.

a) O menino da esquerda está se alimentando bem? Por quê?

b) O outro menino está se alimentando corretamente? Por quê?

c) Você está acostumado a comer com garfo e faca?